新装版

# 一倉定の社長学シリーズ

新装版

一倉定の社長学シリーズ

# 1 経営戦略

# まえがき

本書は、既刊〈経営戦略・利益戦略〉の全面改訂版である。既刊の内容を二冊に分けて一冊を〈社長の姿勢〉、もう一冊を〈経営戦略〉としたものである。それぞれの内容の充実を計るためである。

そのために、この〈経営戦略〉も、新しい事態に対応しての加筆だけでなく、可成りの新しいテーマを載せることができたために、様々な状況に対しての戦略的決定に役立つことができるようになったと自負してもいるのである。

いうまでもなく、戦略とは〝戦ずして勝つ〟あるいは〝戦ずして優位に立つ〟ための事業構造の変革であり、それによって自然に高収益を生むことができるような体制を実現することである。

経営戦略は常に先手をとることによって大きな効果を発揮する。

しかも、その戦略は、そのごく一部を除いて敵はなかなか気付かないし、気付かれても反撃が難しい場合が多い、という誠に安全度の高いものである。

その上、状況の変化に対応することもやさしいのである。だから、戦略のあるなしでは、長期的に大きな差がつくものである。

その基本的原理と法則をのべたものが本書である。

多くの社長諸兄の御研究と実践を切望するものである。

平成四年十二月

一倉　定

※本書は、一九七五年に出版し、一九九三年に実例を大幅書き換え追補した全訂版を復刻した新装版である。

「一倉定の社長学」

# 経営戦略　目次

九　我社の事業を考える



一〇　事業繁栄の道

# 一　我社の事業を創る

# 経営戦略とは

## 敵を見ずして敵を制するを戦略という（孫子）

孫子の戦略の定義を経営に当てはめてみると、それは「高収益型事業構造」のことである。しかも、「自然に高収益が上がるような」事業構造でなければならない。事業は、永久に存続しなければならないという至上命令を背負っている。そのためには存続に必要な利益を確保しなければならない。

企業の活動は広範で多岐にわたる。それらの活動は、常に市場の変化に対応するための弾力性と機動力を持たなければならず、もしも変化に対応できなければ存続も難しくなる。

右のような要請に答えられる事業構造とはどんなものであろうか。それは、事業構造それ自体が効率的で、しかも柔軟なものでなければならない。詳しくは本文の中でのべることとして、どのような構造を持ったものだろうか、それは、

1、どんな市場、又はどんな市場の組合わせにするか

2、どんな商品構成、どんなグレードとするか

3、どんな得意先構成とするか
4、どんな店舗展開をするか
5、どんな供給体勢（内外作区分、仕入体勢）とするか
6、未来事業の推進体勢をどうするか
7、人員構成をどうするか

というようなものが主体となる。

そして、その活動、相互関連などは、必ず客観情勢の変化への対応がその基本認識でなければならない。社内の都合を優先したならば、お客様の要求を十分に満たすことができなくなり、企業は衰亡してゆくより外に道はないのである。数々の実例がこれを如実に教えてくれている。

企業の最高唯一の責任者である社長の〝正しい姿勢〟こそ企業繁栄の基本であることを忘れてはならないのである。

# T社長の苦悩

T社は、従業員約百名で、アイスクリームの専業メーカーである。月商の四倍にも相当する累積赤字をかかえて、極度に悪い資金繰りに悩まされながら、必死に頑張っているが、業績回復の見込みは全く立たなかった。T氏は経営には熱心で、過去数年の間に、経営の近代化に異常なまでの努力を傾けてきたのである。

外部からの指導を受けて、その勧告を矢継早に実施した。まず組織である。次は職務分掌、事務の合理化、モラル・サーベイ、賃金規定の整備、設備の近代化、生産の合理化、コストの逓減などなど……。しかし業績は悪化の一途を辿るばかりである。人材がいないということで、人材を導入し、権限を大幅に委譲した。その結果はその人材と社長との意見対立となり、人材は退社してしまった。その人材が在職中の提案による、コンピューターによる管理（実は単なる計算）も何の効果もなく、経費を喰うだけだったのである。

今はコンピューターを捨て、いままでやってきたいろいろな近代化の手法にも、全く信頼がおけなくなってしまった、というのである。

Ｔ氏の説明によると、アイスクリームという季節商品なるが故に、夏場は忙しくて利益がでるが、冬場は売上げが三分の一にも激減し、夏場の利益を全部喰いつぶして、なお足りないというのである。

そのアイスクリーム製造設備は非常に立派なもので、ある権威者からは激賞を得ているという程のものだという。いくらほめられたって、会社自体が赤字では、どうにもならないのだ。

冬場の落ち込みをカバーするために、過去において、〝玉葱の皮むき〟が面白いといわれて、わざわざ工場を建て設備をしたけれども、原料相場の変動が激しく、だからといって、その変動を売価にかけられず、これは失敗してしまった。

今は、冬場の仕事として〝中華饅頭〟をやっているが、売上げは僅かで、とても冬場を支えられるものではない、というのである。

私のセミナー会場に、時間を打合せてきていただいての、セミナー終了後の僅かな時間の相談である。

こういう苦境を訴えられると、私はじっとしていられない。自分で赤字会社の体験があるだけに、何とかしてあげたいが、汽車の時刻はせまっている。お手伝いの日程は何とかやりくりするから、とりあえず次の手を打ち、その結果を電話で知らせてくれということで我慢をしてもらった。

手を打つに当って、まず社長に自覚をうながしたのは、会社の事業構造の欠陥である。

その第一は、大企業との完全な〝競合〟であるということだ。大企業と競合して勝てる筈がない。こういうものに社運をかけること自体がすでに疑問なのだ。といったところで、今すぐどうにもなるものではない。何か突破口があるかも知れないが、それは、お手伝いの時だ。

第二の欠陥は、〝単品経営〟である。客観情勢は、いつどのように変るか分ったものではない。何かの変化や斜陽化に対して、極めてもろい、〝危険な体質〟だということだ。

第三番目に、〝季節商品〟ということである。夏場だけで採算のとれる事業など、あるものではない。

以上、三つの大欠陥をよく認識した上で、次のような手を打つこと。

まず初めに、過去の合理化・近代化の思想を全部捨てること。そんなものは、事業経営に害ではあっても益になることは決してない。このことは、社長自身がよく知っている筈だ。（これはすぐ了解してくれた）

そして、当面、社長として全力を尽さなければならないのは、冬場の売上げをあげることだ。中華饅頭の売上げも、今まで努力してきたことは分るが、営業部長とともに、販売の第一線に立つこと。次には、中華饅頭の高級化の検討だ。高価でもいいから、うまいものを試作して、数店のモデル店舗で試売してみること。もしも、よく売れるなら、それはお客様の好みに合ったものだから、計画的に高級品の比率を高めること。売れ行きが思わしくないなら、いさぎよくあきらめて、別の道をさがすより外にない。その外に、「社長として、中華饅頭の売上げをのばす手は考えられないか」と質問したところ、「ある大手の食品会社から、中華饅頭の引合いがある」という返事である。私は、「その話にすぐ乗れ。多少の収益性の悪さは我慢して話をまとめること。収益性は低くとも、遊んでいるよりいいのだ」と。その外に、灯油販売をやりたいというので、それもやった方がよい、と勧告する。この非常事態に、なりふりなどかまっていられないのだ。そして、宿題として、T社の設備を使って、製造できる商品は何か、関係会社などから仕入れできる可能性のある商品は何かを、百種類一覧表にすることを依頼して別れた。

しばらくして、T社長より電話があり、中華饅頭の引合いがまとまったし、灯油の販売も始まったということであった。

その後数回の電話があり、高級な中華饅頭は、繁華街では売れるけれども、それ以外のところでは思わしくない、というようなことも知らせてくれた。そして、早く来てくれという催促である。しまいには、私の仕事先にまで押しかけて、何とか都合がつかないかという。私は、こういう人が好きである。社長は、こうありたいものである。その熱とねばりに、私は負けてしまった。そして、ついに、予定を繰上げてお手伝いをすることになったのである。こうして、私の休日はつぶれてゆく。

そんなムリをして、身体をこわしたらどうすると、女房に叱られるが、会社が苦境にあるのをどうしても見過せないという、損な性分なのだ。

教訓

一、内部管理の手法を、経営学と思いこんではならない。

二、社長は、危険な事業構造は何かをまず知り、これを改めなければならない。

# 商品の品質は顧客の要求に合っているか

T社に初めてお伺いした日に、事務所を通って会議室に入った。会議室に入ると、いきなり社長に苦言だ。

「事務所が広すぎる。この三分の一もあればたくさんだ。その中に、社長室、応接室、会議室まで全部含めるべきだ。事務所という直接収益を生まない施設に、こんなに金をかけるのは間違いだ。金の使い方を全く知らない」

ときめつけたのである。

会議室に集まった役員に対して、

「あなた方の会社は、いままでまったく見当外れのことをやっていたために、こんな大赤字になってしまったことを知らなければならない。企業の経営とは、社内の人々の活動を管理することではなくて、お客様の要求を見つけだし、これを満たしてゆくことである。会社経営の基本は、利益をあげて存続することである。つぶれてしまえば、何もかも終りである。だから、安定的に利益をあげ続けることができるような〝事業構造〟を考えなければならない。それを、〝経営計画〟という道具を使って探しだし、実現してゆくのだ」

と前おきをして会議に入った。

私は、お手伝いに際して、いつも「**売上年計**」と、「**得意先別売上高ＡＢＣ分析**」と「**商品別売上高ＡＢＣ分析**」の三つの資料をつくってもらうことにしている。この三つの資料の外には、決算書と試算表があれば、それ以外の資料は、まず必要ないのだ。（売上年計については後述）

でき上がった「**売上年計グラフ**」を見ると、順調に伸びてきた売上げが、二年前から横ばいになっている。ハッキリとした〝釘折れ〟現象だ。これは、普通の状態ではあり得ないことである。この時に、何かが起ったか、方針を変えたかが考えられる。社長に、

「何か覚えはないか」

と質問したところ、しばらく考えていたが、やがて覚えがあるという。どういうことかときいてみたら、この時に指導をうけたコンサルタントに、「あなたの会社は、材料費率が高い。材料費率を売価の三〇％に押えるべきだ」と数字を示されて勧告

をうけた。成程と思いそれを実施したというのだ。

私はピンときた。材料費率を下げたために、味が落ちてしまったのだ。それが売上げを押えてしまったのである。売上げが落ちては、材料費率も何もあったものではない。そこで、社長に私の推測をのべ、

「アイスクリームというものは、喰わなくとも死なないのだ。お客様が、アイスクリームを食べるのは、〝味〟を楽しむものだ。その味を落して売れなくなるのは当り前である。この推測は、まず外れていないと思うが、念のために実験をしなければならない。二年前に材料費率を落した時にも、まず実験をして様子を見てから決定すべきを、それをやらずに実施したから、こんなことになったのだ。だから、今度はまず試作をして様子を見る。まず一品……最も売れているものがよい……だけ、材料費率など無視して、うまいものを試作する。これは切換えではない。従来の処方のものは、そのままにしておきなさい。つまり、この商品に限り処方は二本建てとし、売価は同じにする。試作品はモデル店に売って、従来の売上げと比較するのだ」

その結果は、試売四日目に私がお伺いした時に、もうハッキリと売上げが伸びた

のが分ったのである。

これに力を得て、さらに二品種について、高品質化の実験をしてみた。一つは、かつては相当な売上げがあったが、いま売上げが急落しているもの。もう一つは、大企業と完全に競合していて、売上高も低く、ズッと低空飛行を続けているカップ物であった。そして、その二品種とも、たちまち売上増大である。こうなれば、何も二本建てにする必要はない。試作品を正規商品として、従来品を捨てることにした。

T社長は、全商品を高品質化したいといいだした。私は、それはいうまでもないけれども、その前に現在四十種類もある品種を半減することだ。いままでは、売れ行きが不振のために、あれこれやたらに新品種をつくって、何か当らないか……という期待をもち続けてきた。今はもうその必要はない。品種を整理しないと、売上増大に対処できなくなる。

だから、二十種類に減らしたうえで、そのうち売上高の多い順に上から十品種を今年中に高品質化する。残りの十品目は、もう少し様子を見たうえで、高品質化か切捨てかをきめることだ、と勧告したのである。

仮に二十種類を高品質化してみても、そのなかで本当に売れるのは四～五種類で、残りは「枯木も山のにぎわい」程度になることは、私の数多くの経験で分っているからである。

新商品の売れ行きが良好で、生産が間に合わないものができた。そこで、小売店直売二割、問屋卸八割という二本建販売なので、問屋に対する出荷を押えて、小売店直売を増やした。

収益性のよい小売店直売が増えたので、材料費が上がったにもかかわらず、材料費率は逆に下がってしまったのである。

売上高の急増で、月次損益は黒字の連続に変ってしまった。翌年の四月、五月、六月と、対前年同月比五〇%の売上増が続いた。売上年計表は急上昇である。

七月は気象異変による長雨と低温で、すべての夏物が三割から五割もの大打撃をうけたにもかかわらず、対前年売上げは九五%を確保したのである。

T社長は、この事実をみせつけられて、すっかり考え方を変えてしまった。そしてコスト主義がいかに間違っているかを思い知らされた。コストに目がくらんで、お客様を全く忘れてしまった。「我社の赤字は、お客様を忘れたのが原因だ」というのである。
その上、社長に自信をつけさせたのは、大企業と完全に競合する〝カップ物〟の売上増大である。いままでは、大企業にはどうしても勝てない、と思いこんでいたからである。

教　訓

一、「コスト主義」は顧客の要求が忘れられる危険が大きい。
二、新商品は「市場においての実験」が大切である。新商品が成功するか否かは、企業がきめるのではなくて、顧客がきめるものだからである。

## 商品構成をどうするか

T社はこうしてアイスクリームで、ハッキリと売上増大、収益向上を実現することができるようになり、大企業と競合する自信もついた。

次に控えるのは、季節変動をカバーする冬季商品の開発である。中華饅頭だけでは、冬季を黒字にもってゆくことはできないのであるから、どうしても新商品を開発しなければならないのだ。

ところで、新商品開発の方向として、当面二つの道が考えられる。一つはアイスクリームの製造設備の一部である冷凍冷蔵設備を利用しての冷凍食品であり、もう一つは、中華饅頭とその設備を使っての菓子類である。

まず冷凍食品について、いろいろ検討してみると、数々の難点がある。第一に品種選択の難しさであり、次に開発研究に相当な時間がかかって、急を要するT社の要求に合わない。そのうえ、材料の入手をどうするか、販路の開拓をどうするかという問題に、第一歩から取組まなくてはならない。さらに赤字会社として最もいましめなければならない設備投資に、相当額が必要だということが分った。というようなことで、冷凍食品は当面のところ取組むべきでない、という結論がでた。

残るのは中華饅頭と菓子類である。都合のよいことに、これはアイスクリームの販路にそのまま乗せることができるという有利さがあるのだ。

まず中華饅頭である。去年下請をした会社から、去年を大幅に上廻る引合いがあるので、社長はこれを受けたいという。しかし私はこれを止めた。

「去年は、あくまでも季節赤字をカバーするためのものであったが、今年は違う。勿論それもあるが、もっと重要なことは、T社の〝自主経営〟のための商品構成をどうするか、という点からよく検討しなければならないからである。自主経営を目ざすならば、下請の話にやたらに飛びついてはいけない。あくまでも我社の意思による我社の計画にもとづいて、いくらの受注をすべきかをきめて、それ以上は生産能力がないという理由で断わるべきだ。さもないと、相手に振廻されることになってしまう。大切なことは、まず我社の意思をきめることだ」

というのがその理由である。

会社の安泰のためには、夏季に匹敵する冬季の収益をあげることが最も望ましいことは論をまたない。とするならば、冬季に十分な売上げを確保できる〝商品群〟を開発しなければならない。〝単品〟ではダメである。だから、中華饅頭は冬季の商品群のなかの一つと考えるのが正しいのだ。どのような商品群にするかは、これからいろいろ検討するとして、まず第一に中華饅頭の売上増大策をきめることから始めなければならない。

中華饅頭だけでは、自主販売が難しいことは過去の経験からハッキリしている。といって、新商品群が開発されるまで待っている時間的な余裕はない。何としても単品で売上げを伸ばさなければならないのだ。それには、単品でも売れる強い商品にしなければならない。その道はただ一つ、「うまい中華饅頭」をつくる以外にない。社長はすぐに賛成した。アイスクリームで、その効果の程を見せつけられているからだ。

この時、営業担当常務から、「十円値上げして、十円材料費をかけたらどうか」という意見が出た。私はハッとした。そこまでは私も考えていなかったからである。これは素晴らしい意見である。私は双手をあげて賛成した。

「これなら〝絶対にうまくて安い〟饅頭になること請合いである。これなら単品で売れるだけでなく、T社の〝看板商品〟となる可能性が非常に大きい。看板商品こそ、会社にとって絶大な強味である。多少収益性が低いのは、売上増大でカバーできるだろうし、会社の〝イメージ・アップ料〟と考えたら、恐らく〝おつり〟がくる」

と社長にすすめた。

社長は、「よし、日本一うまい中華饅頭をつくるぞ」と大張切りである。いいムードになってきた。直ちに発売目標期日が決定された。

ところで、下請の方だが、これは去年と同じ処方のものとして、数を限定して受注することにした。

次には新商品の開発である。「何をやるか」を、これから見つけなければならない。私は〝焼だんご〟をまず研究してみてはどうかとすすめた。焼だんごには、日本人の郷愁のようなものがあるからだ。

早速、焼だんごの調査にかかった。しかし、調査しているうちに分ったことは、焼だんごのような〝朝生〟（朝つくって、その日のうちに売りきってしまう生菓子）は、T社の体質に合わないということである。アイスクリームは、冷凍庫に入れておけば相当長期間の貯蔵がきく。貯蔵がきく商品になれてしまった会社に、朝生のような、せわしない商品は不向きだというのだ。

ところが、焼だんごを調べているうちに、ある菓子の研究家と偶然に知り合い、その人が開発した〝半生〟（十日から二週間程度の日持ちがする半生菓子）をつくってみないか、とすすめられた。これなら体質に合う。見本をあるデパートに持込んでみたら、早速扱ってみたい、という色よい返事が得られた、というのである。

もう何もいう事はない。焼だんごは捨てて、この半生をとりあげることにきまった。私は、この半生もコストを無視して、さらにうまいものはできないか、を研究すべきだと勧告した。社長は無論のこと異存はない。

こうして、とにかく冬場商品が二つきまった。しかも、新たにデパートという新得意先つきである。

しかし、これで冬場商品の懸案が解決したのではない。それどころか、これから本格的に冬場の事業に取組むのだ。

事業経営にとって、商品構成はその基本となるものだからである。商品構成は、収益性と安全性を兼ねそなえていること。さらに季節変動が少なく、市場の変化に対応できる弾力性が大きいことが大切である。

右の要件を満たすためには、T社にとって冬場商品の充実が最も大切である。そのためには、冬場商品を二十種類程に増やす必要がある。この程度に品種を増やさなければ、顧客の要求も満たせなければ、変化に対する弾力性もつかないからである。夏場と冬場に、それぞれ二十種類で計四十種類とすれば、もともとのT社の品種と同数であるが、すべての点から見て、商品構成は格段に優れているのである。夏冬ともに、それぞれ二十種類のうち、常に売れ行き最低の商品を切って、新商品を加える、という〝スクラップ・アンド・ビルド〟(新陳代謝)が顧客の要求の変化に対応する道なのである。

このように**商品構成をどのようなものにするかということは、企業がきめるのではなくて、顧客がきめるものであるということを**、忘れてはならないのである。

商品構成の方針はきまった。次にはこれの推進である。

まず第一には、中華饅頭の高級化である。これには、あまり大きな困難はなかった。今までの経験が物をいったからである。やがて、日本一かどうか分らないがビックリするような試作品ができ上がった。それにもかかわらず、材料費はごく僅かしか上がらなかったのである。

この商品をひっさげて、社長自ら新規得意先の開拓に当った。意外な程順調に開拓が進んだ。素晴らしい商品力が大きな力となったのである。そして、その年の十月、前年度の二倍の売上げを記録し、さらに月を追って進む開拓によって、十二月までの売上高累計は、前年の四倍にもなったのである。

中華饅頭の好調にひきかえ、半生商品の開発は、なかなかうまくいかなかった。専任者をおいての研究ではあっても、やはり経験がないということは、どうにもならないものである。そこで、この開発は、満足なものができるまで、たとえ、目標より遅れようとジックリと取組むことにした。下手なものを売り出したら、アイスクリームの失敗の二の舞になるからである。

このような、ゆとりをもつことができるようになったのも、中華饅頭の成功があればこそである。去年の今頃は、喰うために商品の研究など思いも及ばなかったのであるから、全くの様変りである。

教訓

一、商品構成こそ、会社の収益性と安定性を確保する基本である。社長は、我社の商品構成の欠陥を認識するとともに、これに対して明確な方針を持たなければならない。

## 得意先構成をどのようにするか

T社の得意先別売上高は、さきにのべたように、卸売八対小売店直売二であった。小売店直売は市内に限り、他は卸売で、県外への売上げもかなりあった。

さらに、卸売と小売店直売について、それぞれ〝九五％の原理〟による売上高の分析をしたところ、卸売では、百二十社のうち、上位八十社で「九五％」、同じく九十社で「九八％」の売上げをあげている。下位三十社でタッタ「二％」にしかならないのである。小売店直売では、得意先三百二十店のうち、上位二百六十店で「九五％」、同じく二百九十店で「九八％」である。残りの三十店で「二％」である。

まず卸売は、とりあえず下位二％の部分の三十社を切り、あとは小売店直売の増加につれて切捨てをすすめることとした。

小売店については、下位五％の六十店を切る方針を固めた。こちらを一気に五％としたのは、売上高が少なく、T社もちのストッカーの減価償却費だけの収益さえもあげていなかったからである。この切捨てさえ、セールスマンは反対したのである。社員の意見などきいていたら、会社の業績など上げられないというのは、こういうことなのである。こうして、得意先のスクラップ化が進められた。

そのための策は、訪問禁止である。次は現金決済と配送中止（とりにきてもらう）ということである。これで大部分カタがついてしまった。

次は新規得意先の開拓（ビルド）である。小さな得意先を開拓しても、まったく意味がない。やがてはスクラップ化しなければならないからだ。

私は、セールスマンの新規開拓を禁止するように進言した。セールスマンに有力得意先を開拓する能力など、ある筈がないからだ。

セールスマンにやらせることは、現在の得意先に対して、さらに優れたサービスを行なうことなのである。

T社では、開拓は社長と営業担当常務が当ることとし、「一年後に年商百万円以上を見込める」ということを条件にした。

この開拓に当り、市街地図を買ってきて、得意先の位置に印をつけてみた。売上高のランクをつけて色別にした。さらに、売上げを多く期待される地域……繁華街、商店街、住宅団地等の輪かくを囲ってみた。そのうえに、デパートとスーパーの位置に丸印をつけたのである。

その地図には、住宅団地のそばの一店をのぞき、見事なばかりに、売上げを多く期待される地域も、デパートもスーパーも、T社の得意先にはなかったのである。しかも、住宅団地のそばの店はT社のAランクの得意先であったのである。

これを見て、社長と営業担当常務はうなってしまった。いかに我社の販売網が弱いかを思い知らされたからである。社長も営業担当常務も自らは得意先の開拓に動こうとはせず、セールスマン任せというよりは、全くの放任がこの情ない状態をつくりだしていたのである。

しかし、T社長は立派であった。自らの怠慢を反省し、営業担当常務とともに、自らが開拓に体当りすることを決心したのである。

といっても、これはなまやさしいことではない。競合相手は全国ブランドをもつ大メーカーばかりである。勝つための絶対条件は、大メーカーより「うまい」ということである。今でも大メーカーよりはうまいけれども、さらに研究を重ねてゆく必要がある。幸いなことに、直売すれば一個当りでは量的にも多くできるという利点をもっている。これらの利点をフルに発揮し、地元の利をこれに加えて根気とねばりの戦いが、永久に続くのである。

社長と営業担当常務の開拓活動の成果は、見るべきものがあった。やはり社員とは違う。そのうえ、中華饅頭という絶対的な切札をもっていることは強かった。秋になってからは特にそうだった。秋に、アイスクリームで新規開拓など、できるわけがないからだ。中華饅頭によって、有力な店が次々と面白いように開拓できた。この有力店は、やがて来年の春からは、アイスクリームを売りこめる可能性が大きいのである。

教　訓

一、得意先と販売網の分析こそ大切である。成果をあげるための数々の情報がそこから得られるからである。

二、開拓営業は、社長の役割であって、他の誰の役割でもないのである。

## 社員の姿勢が変る

このようにして、T社は赤字から黒字への転換を実現した。T社長は、正しい経営とは何であるかが分り、社長は何をする人かを知ることができたのである。T社長が正しい営業を行ない、業績が向上してゆくにつれて社員の態度が変ってきた。

いままでは、適当に仕事をしていた社員が、積極的に社長に協力する姿勢をとるようになった。営業会議では活発な意見交換が行なわれ、工場では文句もいわずに残業に協力する。

冬場には、去年の四倍の中華饅頭をつくらなければならないのであるが、そのための会議の席上で、どうしても三カ月間は夜の九時まで作業しなければならないことが明らかになった時に、全員が進んで残業をするといい出したのである。社長はびっくりしてしまった。十日や二十日のことではない。三カ月間なのである。それをやり通すというのである。

社長は、「皆の気持は嬉しいが、そこまでムリをしてくれなくとも、季節工を雇うから」といっても、社員は、季節工を雇ったら何やかやでわずらわしい。それよりも必要最小限のパートを地元から雇い、あとは我々だけでやろうというのである。

新たに冷蔵庫も必要であった。遊んでいる冷蔵庫があるので、それを機械の傍まで、五十米程移動しなければならない。社長は外部に依頼するつもりでいたのに、社員の中に鳶《とび》の経験のある者がいて、その社員が道具を借りてきて移動の指揮をとり、社員の日曜出勤でやってしまった。

さらに、その冷蔵庫をいれる建物である。これも、建築の経験のある社員が、溶接機を買ってくれ、そうしたら私達で建てると申し出た。そして、社員だけで建物をつくりあげてしまったのである。

諸費用は、外部に依頼した場合の数分の一で済んでしまった。

社員のこのような姿をみて、社長は社員に対して何もいうことはなくなってしまった。

T社長は、「**会社というのは、社長次第でどうにでもなる**ことが、はっきりと分りました。私が正しい経営を行ないだしたら、業績はアッという間に好転し、社員に何もいわないのに、社員の姿勢が全く変ってしまった」と。

この項の教訓は、右のT社長の言葉そのものである。

## 我社の未来像をもつ

以上のようにして、T社の経営は軌道にのった。いろいろな困難が行手にあるけれども、正しい軌道にのっている限り、努力によって打開してゆくことができる。

こうなれば、もう大した心配はないかというと、そうではない。今までのところは、間違った路線が正されたということであって、当面の経営が心配ないということにしかすぎないのである。

事業経営には終りがない。ということは、長期の正しい方向づけが必要であることを意味している。それは、過去の引延ばしでもなければ現在の延長でもない。

社長の経営理念にもとづく、未来像の設定であり、その実現のための政策である。五年後あるいは十年後の我社の姿はどんなものであり、そのために、いつまでに何をしなければならないか、ということである。

そのための、T社の基本的な方針をいろいろ検討した結果、次のように決定された。
1、商品はアイスクリームと半生とし、それぞれ二十種類以内にとどめて、その中でスクラップ・アンド・ビルドを積極的に行なってゆく。
2、販売方式は、小売店直売と卸売の二本建てとし、県内は小売店直売、県外は卸売とする。
3、累積赤字が消えた後、二~三年で直営店を一店舗もつ。
4、この直営店を核として、チェーン化を進める。チェーン店は直営とフランチャイズシステムとの二本建てとする。
というものである。

この方針をみれば、誰でもT社の進む方向を、はっきりと知ることができるだろう。

今、T社ではこの方針に沿って、懸命の努力が続けられているのである。もう、私の手を借りる必要は、直営店開設までないであろう、ということで私のお手伝いは一応のピリオドを打ったのである。

T社の社長、社員とともに、私もその将来に楽しい期待をよせているのである。

## 我社の事業を創る

T社の例は、典型的とまではいかないけれども、かなりよく、事業経営で陥りやすい誤りと、正しい事業経営のあり方を、われわれに示してくれる。

初めは失敗した。マネジメント病、過大な設備投資、間違ったコスト意識、不用意な新事業進出などである。そして、それらによって手痛い打撃をうけた。

これは、世の多くの社長が陥る内部管理指向にその原因がある。内部管理を経営と思いこんでしまったのである。

しかし、それらの失敗から得られた貴重な教訓を活かして、正しい姿勢に返り、立派に立直っただけでなく、高収益企業への道を歩み始めたのである。

いったん誤りをおかした後に、その誤りをさとって正しい姿勢に返った社長は強い。もう二度と同じ誤りをおかすおそれは全くないからである。T社長は時おり私のところに近況を電話で知らせてくる。ある時の電話で、古い資料を整理していた時に、かつての原価計算の資料が出てきたのを見て、胸くそが悪くなり、メチャメチャに破って足で踏みつけてしまったと話してくれた。

T社の立直りの過程を見ると、内部管理の改善など、何もやっていない。それどころか、次々に捨てているのである。内部管理を散々試みた末に、そうしたものが単なるムダだけではなく、事業経営にとって、全くの邪魔物であることを、骨身に徹して思い知らされているからである。

T社の革新の主体は、事業構造を変えることであった。顧客の要求に焦点を合わせ、我社の体質をふまえての高収益構造への脱皮であった。

社長が革新の先頭に立った。そして、アッという間の収益向上である。同時に、社員の姿勢が全く変ってしまったのである。

私が、社長次第で会社はどうにでもなるというのは、こういうことなのである。

T社の例に見られるように、事業経営というものは、顧客の要求に焦点を合わせ、社長の意思と責任において、まず事業構造それ自体を高収益型に変革する。次に、この事業構造をふまえて、収益をあげるために必要な活動を展開するものなのである。

とはいえ、高収益型事業構造の原理原則は一つでも、業種、業態、規模などによって、そのパターン（型）は千差万別である。しかも、客観情勢の変化に対応するためには、そのパターン自体の変革を行なってゆかなければならないのである。これにともなって、必要な活動も様々に変ってゆくのである。

そのうえ、右のような事を実現するために、社員をいかに動機づけ、社長の意図の通りの行動をさせるには、どうしなければならないか、という難問がある。たくさんの会社の社長の大きな悩みがここにある。

さらに、事業経営に不可欠な〝資金〟の調達と運用についても、最後には、常に社長が解決しなければならないのである。

このように、事業経営というものは広範で複雑極まりないものであり、極めて流動的なのである。それを、何もかも社長がやろうとすれば何もできなくなる。

とするならば、社長は自らに課せられた困難極まる役割を果すためには、基本的な決定と、方針を示すにとどめ、実施はまかせるべきである。

また、社長の人生観や使命感、性格などによって、進むべき方向がきまってくるのである。

社長のもつ哲学や性格に合わない事業は、成功する筈がないからである。

このシリーズは、右のような様々な、しかも基本的な認識のもとに、「**社長は何をしなければならないか**」という課題に対する総合的な解明を試みたものなのである。

事業の経営とはどういうことなのか。正しい社長の姿勢とは何なのか、を考え、事業を繁栄に導き、社長のもつ社会的責任を果してもらいたいというのが、私の切なる願望なのである。

# 二　経済的価値の創造原理

## 企業の任務は経済的価値の創造である

企業の任務は〝経済的価値の創造〟である。

経済的価値とは〝富〟のことである。富を創造することによって企業は社会に貢献するのである。さらに、

富だけでなく、その過程において、〝雇用をつくりだす〟のである。これこそ社会の最も基本的な要請である。国政の基本は国民生活の安定と向上にあることはいうまでもない。不況対策、失業対策が、内政の最大課題となっている。

ケインズ理論は、不況対策としての雇用の創出を主題としている。「不況対策として政府は公共事業を起せ、これによって雇用を創出することができる。そのためには、政府は財政力を持たなければならない。財政力を持つためには〝金本位制〟を否定し、金の重圧から開放されなければならない」というのだ。

これによって不況は克服された。ケインズ理論の威力である。その反面〝インフレ〟という病を持ちこんでしまった。

現代は、機械化の進歩によって公共事業の雇用増大はあまり期待できずに、インフレのみがフランケン・シュタイン博士のつくった怪物のように暴威をふるい、世界中を苦しめているのである。

そのインフレは貨幣価値の下落となり、それがわが国にベース・アップを生み出し、わが国のインフレの第二の主要原因となっているのである。

このような状態の中で企業は経済的価値をつくり出し、ベース・アップに耐えながらの事業経営をしてゆかなければならないのである。企業の存在価値と重要性は益々高くなってゆくのである。

それにもかかわらず、経済政策の不手際というより不在によって平成初期にバブル経済という鬼子を生み落し、一時期これが暴威をふるい、バブルに乗らない企業は〝阿呆〟よばわりされた。借金をして不動産や株に投資することによって、労せずして巨大な利益を手に入れることができるからである。

しかし、所せんバブルは〝虚〟の経済である。バブルは経済的価値を生みださないからである。

虚なるが故に長続きする筈がない。たちまちのうちに崩壊し〝実〟の借金による

〝虚〟の投資は〝虚〟が消えて〝実〟の借金だけが残ってしまったのである。

この経験は、企業経営者にとっては極めて貴いものといわなければならない。それは、

『自らの努力を伴わない〝虚〟の経済は、危険この上ないものである。営々とした努力を続けることによる経済的価値の創造こそ、長期的に自らの企業の存続と繁栄を実現する』ということである。別の実例で考えてみよう。

第一次オイルショックは、日本とドイツを叩くためのアメリカの媒略であったことは、今は衆知のことである。

経済の根幹の一つである石油の大暴騰と、これに伴って発生したインフレによって、日本経済は大苦境に追いこまれた。

しかし、日本人は立派であった。この大ピンチを、死にもの狂いの努力によって乗りきり、これがかえって日本経済の大躍進の基をきずくことになった。

これに反して、アメリカでは政府の経済戦略によって低価格の石油を供給され、日・独より遥か有利な立場に立ったにもかかわらず、これを〝虚〟である大型自動車の生産継続をすすめて利益の増大に走ってしまったのである。

これが、省エネ自動車を要求する顧客の反発を買い、日本車に鞍《くら》がえしてしまい、アメリカの自動車メーカーの没落を来してしまったのである。

下って、一九八五年頃からは、アメリカの世界に誇る巨大優良企業であったゼネラル・モーターズ、シーアズ・ローバック、ＩＢＭが揃って大ピンチに立ってしまう程になってしまった。（これについては、『社長の姿勢』を参照されたし）

何れも、自らの利益が大きい大型・高級品のみに固執し、時代の変遷、技術の進歩、顧客の要求の変化に気がつかず、あるいは気がついていたが、これに合わせて自らを変えなかったためである。

教訓

一、企業は、経済的価値の創造という本来の任務を果たすためには、営々たる努力によって、長期繁栄を実現しなければならない。

二、客観情勢の変化に対する企業の正しい姿勢と対応こそ肝要である。

その姿勢と対応如何によって、ピンチはチャンスとなり、チャンスがピンチに変ってしまうものである。

その正しい姿勢と対応とは、「経済的成果達成によって社会に富を貢献する」という姿勢をふまえた上で、既に『社長の姿勢』のところでのべた事業経営を行なわなければならない。その事業経営とは、くり返すが、

『変転する市場と顧客の要求を見きわめて、これに合わせて我社をつくりかえる』

ことである。

ところが、これを理解していない会社は数多い。一つには「事業経営とは何か」を教えてくれる人や文献が極めて少ないことであり、もう一つは、事業経営を誤まらせるような思想や文献、指導が多いということである。

それは、経営学と称する経営学にあらざるもの――内部管理である。内部管理は、事業経営に必要なものではあるが、それが事業活動ではない。

これらのものは事業活動には全くふれない。いや関心自体がないのではないか。事業経営にふれない経営学なるものがある筈がないではないか。この点をハッキリ

しなければならないのである。

事業とは「市場活動」である。市場にはお客様と競争会社が存在する。

競争会社とお客様を奪い合いをするのが事業なのであることの認識が基本である。その認識を次にのべることとする。

## 内部管理からの脱出

私の「社長ゼミ」は、もう二十五年続いている。

セミナーの後に〝相談の時間〟を設けていたのだが、はじめてゼミに参加された社長からの相談というのは、この二十五年間に一千人を超すが、それらの社長の相談は、すべて〝内部管理〟に関することである。いかに内部管理について社長の悩みが多いかの実証がここにある。

これは、同時に、それらの社長には事業経営が全く分っていない証拠でもある。それは、それらの社長がいままで勉強したことが内部管理のことばかりで、事業経営に関する勉強は全くといっていい程していないし、受けていないのだ。だから、内部管理が事業の経営であると思いこんでしまっているのである。目標管理華やかなりし頃である。

ある会合で、数人のコンサルタントといっしょになったことがある。控室での雑談の中で、電々公社の経営相談室だか指導室だか忘れたが、日本でも超一流といわれたコンサルタントがいて、この人は熱心な目標管理の指導者であった。

その人が盛んに目標管理の素晴らしさを話していた。いわく、「目標は公正で納得のいくものでなければならない」「目標はノルマではない」「上から押しつけるのではなく、各人の自発的意志にもとづいている」「上下のコミュニケーションによる良好な人間関係醸成の過程から目標が設定される」「目標は各人の能力に応じたものでなければならない」式のものである。

私は、その人の話の切れ目に「電々公社はつぶれないからなあ」と半分は一人言のような発言をした。その人は顔色をかえて黙ってしまった。その後この人は目標管理の話は一切しなくなってしまった。自らの誤りに気がついたのは立派である。

「社長の設定した目標と自主的に設定した社員の目標が食違うが、どうしたらよいか」

「目標を達成したが赤字になってしまった」

「ミスを許せというが、小さなミスでも許されないのだ」（ある建設会社社員）

というような質問が、当時、私のところへ殺到したのである。私は「目標管理は会社をつぶします」と答えることにしていた。

目標管理というのは、シューレの〝結果の割りつけによる管理〟という著書を、勝手に美化し、拡大して、もっともらしく見せかけたものにしかすぎない。

シューレは、その著書の中で「職長は……」という言葉を使っていて、「管理職は……」「経営者は……」という言葉は一切使っていない。それどころか、その本の中には「私は管理職のことについては全く興味をもっていない」ということを明言しているのだ。つまり、職長のためのものである。それを勝手にひねくりまわして、とんでもないものに仕立あげ広めて、多くの企業に害毒を流したものである。

この手の類は今でも後をたたない。こういうものに迷わされてはならないのである。その真偽の見分け方は「それが内部管理や人間関係のこと」ならば、それがどんな美しい衣をまとって来ても、全部ニセモノと思えばよい。事業経営は市場活動なのだ。

内部管理が経営学と思い違いを起してしまったのは、もとをたぐってゆくと、テーラーの時間研究・作業研究による。これは、当時の賃金制度の非科学性を、科学的な出来高払制賃金にかえるべきだというテーラーの思想にもとづくもので、公平な賃金をきめるために時間や作業の研究が必要だったからである。

これが、人類始まって以来最初に、〝仕事に科学を導入した〟もので、テーラーは後に、「科学的管理法」という著作を発表している。

これが急速に企業内に導入され、一方では様々な科学的な手法が開発されてきた。

エルトン・メーヨー博士は、シカゴの郊外にあるウエスタン・エレクトリックのホーソン工場において、リレーの組立工場の六人の女子作業員について、三年間の継続調査を行なった。テーマは〝人間関係〟である。

これは「経営における人間関係」という著作となって発表され、人間関係ブームがまき起り、カウンセラー、システム、モラル、サーベイと続き、X理論とY理論その他様々な人間関係論が生れた。

これらの人間関係論は、アメリカにおいては、あくまでも〝ブルー・カラーのみに限定〟されていたが、日本では経営のきめ手のような過剰反応をまき起し、人間関係至上主義がはびこって、その影響が今もって尾を引き、企業に対して逆に悪影響を及ぼすことが決して少なくないのである。目標管理など、その代表的なものの一つである。

次は原価計算の害毒である。企業経営の実態を知らない学者が、自らの持っている観念論によって作りあげた空理空論の固まりであって、企業経営にとって最も重要なものは収益（付加価値つまり粗利益）であることに思い及ばずに、費用に焦点を合わせてしまったという根本的な誤りをおかしてしまっている。

その費用についても、企業経営全体に関するものは全くなく、すべて〝原単位〟に焦点を合わせただけでなく、外部から仕入れた価値と内部で発生する費用の特性さえも分らずに、クソもミソも一緒にして考えてしまっている。

そして、「すべての費用は製品に配賦されて補償されなければならない」という大錯誤をおかしてしまい、企業経営全体に計り知れない害と、大混乱を巻き起してしまっているのである。

しかも、その害毒には企業人といえども、ごくごく少数の人がその大錯誤を知るだけで、殆んどの人々は全くこれに気がつかないのである。それは、企業の知らない間に、企業を倒産に追いこんでいるのである（筆者がかつて勤めていた会社の倒産がその実例）。

それにもかかわらず、会計学者も企業もこれに気がつかないという恐ろしいものである。

とはいえ、法律できめられた企業会計原則がその原価方式をとっているという厄介極まるものなのである。

これに対する道は、外部報告（税務署、銀行、株主）には企業会計原則を使い、事業経営には正しい計算方式をとり、これを使って未来指向のための実践的な数字を使わなければならないということになる。これは、直接原価計算（ダイレクト・コスティング）の方式を使って、収益計算を行ない、これを事業経営の要請に従って組上げてゆくものである。（これについては『増収増益戦略』で述べる）

しかし、この方式は一般化していない。〝全部原価〟の天下である。

全部原価計算方式のもう一つの罪悪は「原価は安いほうがよい」という考え方を

広く深く植えつけてしまい、これが正しい事業経営に無視できない障害となっているのである。

次は組織論である。

組織論は、経営学の中核的な存在になっている。ところが、企業の経営に奉仕する筈の組織は、実はその反対に重大な障害となっている。

組織というものは、いったん出来上ると、奉仕すべき対象よりも、組織それ自体の存続のほうが常に優先するという危険をはらんでいるからである。（臨調に対する官僚の大反対がこれ）

企業組織は、産業革命によって企業の誕生と同時に生れた。しかし、それをどう管理していいか分らなかった。

そこで、人類が昔から持っている組織——役所、軍隊、宗教団体、学校の組織理論をお手本として作られた。これが大きな誤りだったのである。

これらの組織には、〝市場〟がない。だから、管理といえば内部だけを対象としている。そして、組織存続という至上命令を実現するには、〝変化〟を阻止しなければならない。変化は組織のピンチや指導者の失脚をもたらす危険があるからだ。〝変化を阻止する〟という特性こそ、これらの組織の特性なのである。

企業組織は、このような特性を持った組織をお手本として作られてしまったのである。

ところが、企業には〝市場〟がある。いや市場の要求を満たすために企業が生れたのである。

市場というものは絶えず変化する。当然のこととして企業はその変化に合わせて自らを変えていかなければならない。市場の変化に対応できなければ企業はつぶれてしまう。

当然のこととして、企業組織は変化に対応するという特性を持たなければならない。

さあ、大変。変化に対応しなければ生きられない企業に、変化を阻止するという特性を持った組織理論を導入してしまったのである。

企業組織がうまく機能しない根本原因がここにあるのだ。ムリに機能させようとすると、企業の要請から外れてしまうのである。

では、どうしたらいいかということになる。何がどうなっていようと、企業をつぶすわけにはいかない。といって組織を無視するわけにはいかない。

この問題の解決は、まず正しい組織理論を持つことから始める。その理論は、従来の伝統的な組織理論を百八十度ひっくりかえせばよい。

いわく「責任の範囲は明確にしてはならない」「仕事の分担は、その境目を明確にしてはならない」というようにするのだ。これは、かつての松下電器の指導方針である。今はどうなっているか知らない。

複数の部門に関係するプロジェクトは、横断的なプロジェクトチームを組織する。

仕事の繁閑に応じて、お互いに応援し合う。というように、いくらでもある。

要は方針の問題であり、指導であり、そして知恵の分野である。事業の目標に焦点を合わせた（実はこれが極めて難しい）柔軟な頭脳の問題である。

頭の固い観念論者は、日本とは全く違う事情にもとづくアメリカの組織管理論をふり廻したがるが、借り物はやめたほうがよい。

筆者は「変化に対応する組織論」を（『内部体勢の確立』でのべている）持っているのである。

内部管理で無視できないのが、コンピューターの流す害毒である。

ここで断わっておきたいのは「一倉はコンピューター反対論者である」ということを言われるが、私はコンピューター否定論者ではない。

コンピューターの特質を知らない多くの社長が、誤った使い方をして企業の業績を落してゆく姿を多く見すぎているというところから来る警告が否定論者ととられるだけである。

「コンピューターによる経営」「コンピューターによる戦略的決定」なんて全く間違ったことをいうから、「そんなことはできない」というだけである。

私は、多くの会社でコンピューターのデーターを使って戦略的な決定をしたことは一度もない。ないというより「出来ない」のである。

コンピューターを止めさせて赤字を黒字にした会社は可成りあるが……。

そもそも、コンピューターというのは、ソロバンとメモ用紙と鉛筆と複写機を組合わせたものにしか過ぎない。ただベラボーにスピードが速いというにしかすぎないのだ。原理は完全な理論の産物なので〝足し算〟しかできない。引き算も掛算も割算も、すべて足し算で行なう。〝九×九＝八一〟という計算はできないのだ。九を九回足して答えを出す。これを数学的白痴という。

また、断面データーはとれても、時系列データーはとれない。厳密な意味では、とれなくもないが、煩わしくて実用にならないのである。

戦略的情報は時系列データーでなければダメなのだ。断面データーしかとれないコンピューターが戦略的決定に使えないわけがここにある。

さらに、量的な情報はとれても、質的情報はとれない。質的情報は数量化できないからだ。企業にとっては数量化できない質的情報のほうが遥かに重要なのに、である。これもコンピューターの大きな弱点である。

このような様々な欠陥があるのに、その欠陥を知らずに万能のように思いこみ、膨大な資金をつぎ込んで配送センターのコンピューター処理システムを導入し、ラックシステムとのアンバランスによって、かえって処理能力を落し、業績を大幅に低下させ、中には倒産に追いこまれた会社さえある。

また、ＰＯＳの導入は、売りきれによる売損ないの情報はＰＯＳでは把えることができないことを忘れて売上げを大幅に低下させてしまった。

ある食品のメーカーは、取引先でPOSを導入した途端に売上減少を起すので、「納入先のスーパーでPOSを導入しないように祈るしかありません」と私に語るのであった。

これは、POS以前にコンピューターを使用していながら、これが殆んど何の役にも立っていなかったことを同時に物語っている。無用の長物である。もしも、これがうまくいっていれば、POSなんか導入する必要がないからだ。

コンピューターは、技術計算、CAD、CAM、CG、などでは威力を発揮しているが、仕事の管理には殆んど役に立っていないのである。

毎日コンピューターから吐き出される情報の殆んどは役に立たず、紙屑製造機になっているのである。

これらは、コンピューターが悪いのではなくて、間違った使い方をしている人間の側にすべての責任があるのだ。

高額の費用を要するコンピューターの使用は、根本的に見直されなければならないのである。

内部管理は、高度化すればする程費用が急激に増大する。その割りに効果は少ないことを知らなければならない。むしろ簡素化すべきである。

会社の中の活動は、円滑にゆくことがよいことではなくて、真に事業経営に役立つような活動を行なうことである。

事業経営に役立つということは、お客様の要望を、よりよく満たすものでなければならず、それは円滑化よりも、むしろ混乱をより多く伴うものなのである。

お客様はたくさんいらっしゃる。その多くのお客様が、それぞれ自分の都合だけで、ああせよ、こうせよ、という要求をしてくる。

こちらは一社である。それらの会社の要求を満たすためには我社の事情など全く考えられないのだ。ムリとムダとムラが発生する。混乱が生れる。お客様の要求を満たすために混乱することこそ正しい。

ムリ・ムダ・ムラを防ぐというようなマネジメントの教えなど一切通用しないのである。

このことを知らずに、我社の都合だけを考えていたら、お客様はすべて我社を見捨ててしまう。そして倒産。

企業はお客様があるから生れたのである。

お客様の要求を満たすことこそ企業本来のつとめなのである。

会社の中の仕事の円滑化など考えていたら、会社はつぶれてしまうことを心に銘記して、お客様の都合だけを考えて行動するのが企業本来の姿なのである。

## 環境整備なくて事業なし

〝環境整備こそ、すべての活動の原点である〟ということは、既に『社長の姿勢』のところで述べたので、詳しくはそちらに譲ることとして、ここでは復習の意味で、その威力の一端をのべることとする。

F社は、小型土産品のメーカーで、業界有数の地位を占めている。

バブル不況で業界は沈滞していた。その中で平然としているF社をねたんで、誰がいったか分らないが、F社に対するデマが飛んだ。

「この不況時にF社長はベンツを乗り廻している。こんな会社は遠からずつぶれてしまう」というのである。むろん、こんなデマを相手にするようなF社長ではない。

そんなデマの最中に、ある大手の問屋の社長がF社を訪問した。デマの真偽をたしかめるためであることは間違いない。

その社長は、数万点の商品が目を見張るような整然たる保管をしているだけでなく、会社の隅々までチリ一つない状態を見て、内心はかなり驚いたに違いなかった。問屋の社長は、帰社するや直ちに「あんな清潔で見事なばかりの整頓をしている会社が、つぶれる筈がない」という感想をもらした。

これが業界に伝わって、「F社倒産近し」のデマは、アッという間にけし飛んでしまったのである。

K社は、エレクトロ部品の大手メーカーである。

社長自ら男子トイレの清掃をしている。便器はブラシなど一切使わずに素手で行なうのである。この社長の姿を見て、社員は負けじと懸命の環境整備を行なう。どこもかしこもピカピカに磨かれているのである。

ある時、主要得意先の幹部がＴＱＣ査察に来た。

Ｋ社長は、この人を男子トイレに案内して、自ら便器の排水孔の最下部まで、新しいタオルを使ってゴシゴシ拭った。タオルは全くよごれなかった。次に、素手で爪を立ててガリガリ掻いたが、やはり爪には何もつかなかった。

これを見た来訪した幹部の方は「分った。現場を見る必要はない」と言って帰っていったという。具眼の人である。

Ｋ社の主要得意先のうち、工賃が安くてどうしても採算に乗らない一社の仕事を返上した。年商にして三億円であった。

これを知った数社の社長が打診のためにＫ社を訪れた。

社内を一巡して見て歩いた社長たちは、あまりにも素晴らしい環境整備に、一様に感嘆し「何も聞くことはない。うちの仕事をしてもらいたい」といって帰られた。それらの会社からの仕事は年商四億円に及び、しかも採算性はズッとよかったのである。

もう一つ同じＦ社の話。

Ｆ社は、新潟県の赤倉スキー場の傍にあるスキー客向けの旅館を一軒買いとった。

Ｆ社長が先頭に立ってその旅館の環境整備を行なった。「狭い、古いは恥ではない。環境整備をしないのが恥である」というスローガン通りに、Ｆ社長が先頭に立って整備を行なった。Ｆ社流の徹底したもので、どこもかしこもピカピカに磨き上げたのである。

旅行業者がつけた宿賃は、シーズン初めは四千円であった。それが翌年の四月には六千円にまで上がった。

それにもかかわらず、高いとか、サービスが悪いとかのお客様のクレームは皆無で、みな満足して帰っていったという。

「宿賃を値切られるのは、値切られるほうが悪い」という私の主張は、ここでも証明されたのである。

環境整備は、これを行なった人々の心に革命をもたらす。

「如何なる社員教育も、どんな道徳教育も、足許にも及ばないものだ」というのが私自身でイヤという程思い知らされていることである。しかも、ただ一社の例外もないのである。

多くの社長は、というよりも日本中の殆んどの社長がこのことに気がついていないのは誠に残念である。

社運の隆盛は、運というよりも、自らの努力で勝ちとるものである。というのが私の持論だが、それは、まず環境整備から始めるべきである。

これは、既にのべているように、昔の人がわれわれに教えていることであるのに、それに気付かないのは誠に残念である。

環境整備の土台の上に、経営計画を導入すると、全社員が懸命にこれの実現に努力する姿は、社長自身の驚嘆と社員への感謝が同時にわき起るのである。

## 〝他山の石〟に学べ——倒産企業の教訓

### 佐世保重工と来島ドック

筆者が佐世保重工にお伺いしたのは、日の出の勢いだった造船業界の前途に、不安の影がちらつき始めた頃だった。韓国造船業の躍進のためである。

各社はそれぞれに新事業に進出することにより、業績低下に備える戦略をとっていた。

佐世保重工も新事業のための手を打ってはいたように見えたが、危機感の薄いためか、どうみても新事業に懸命の努力をしているようには見えなかった。

ある時、社長は佐世保工場に出向いた。私も同行した。

社長は、工場巡視と工場幹部との会話をまず行なった。次は職長との懇談会だった。

職長との懇談会を終った社長をつかまえた私は社長に直言した。

「社長、あなたは一体何を考えているのか。今、あなたの会社の最重要問題は、来るべき造船不況に備えての新事業の推進である筈だ。造船各社は、それぞれに懸命の努力をしているではないか。

それなのに、あなたの会社の新事業の方向づけはまだできていない。一刻も早くこれを決定して行動に移らなければならない重要な時だ。そのための社長の行動は明らかに市場の情勢把握による新事業の決定である。場合によったら外国に出向く必要がある。それをやらずに我社の工場観察を行ない、職長と懇談会を開いている。

職長と懇談会を開いたら、新事業の方向が決まるというのか」と。

社長は何もいわなかった。

やがて、造船不況が来た。そして、まっ先に倒産した大手は佐世保重工だったのである。

他社は新事業が物をいって、何とかしのいだのだが、佐世保重工は力になる新事業は何も育っていなかった。

社長の役割は事業の存続を第一とすることは論を待たない。来るべき我社の危険を発見し、これに備えることである。

それをやらずに、内部にばかり目を向けていたのでは倒産しない方がおかしいのだ。


その佐世保重工の再建を引受けたのが来島ドックの坪内寿夫である。

当時の坪内寿夫は〝経営の神様〟として、殆んどの経営者やマスコミの絶賛をうけていた。その中で、私だけは真向からの坪内批判を行なって多くの人々から「一倉は経営の神様を批判しているのはおかしい」と思われていたのである。

私の坪内批判は次のような理由による。

1、企業再建で忘れてはならないことの一つは、何の罪もない社員の生活を、如何にして守るか、である筈なのに、反対のことをやっている。再建計画自体が社員の生活を守るという目的を持っているのだ。

2、事業の最高責任者であることを全く忘れて、見当違いの〝部課長特訓〟を真っ先にやっている。会社の運命をきめるのは部課長ではないのだ。

3、佐世保重工破綻の教訓を来島ドックの経営に生かすことを知らない。

という三点がその主なものである。

少しく補足しよう。

まず第一には、佐世保重工の社員の給与を大幅にカットしたことである。その理由は、「来島ドックの給与より遥かに高い。倒産した会社の社員の給与が、再建を引受けた会社より高いのはおかしい」というのだが、これは理論的には正しい。しかし、非情極まるやり方である。

人間というものは、所得に合わせて生活設計をする。給与が高ければ、この高い給与に合わせて住宅ローンを設定する。マイカーを買う。それを、いきなり大幅な給与カットにあったら生活はどうなるか。日常生活を切りつめたくらいではとても追いつかない。ローンが払えなくなる。車の月賦が払えなくなる。生命保険の掛金が払えなくなってしまう。

だから、この生活のピンチに労働組合ではストライキをした。

「つぶれた会社の社員がストライキをするとは何事か」というのは、冷たい批判である。

では、「どうすればよいか」が再建を引受ける人の自らに対する設問ではないか。

それには、再建を引受ける前に来島ドックの労組を説得すべきであろう。

「佐世保重工の給与は来島ドックより大幅に高い。だからといって大幅に切下げたら佐世保重工の社員の生活は成立たない。だから月々の給与を下げるわけにはいかない。そのかわり、ボーナスは来島の半分とし、昇給は来島と同一水準になるまで行なわない。これが〝社長案〟である。不服ではあろうが、佐世保重工の社員とて、諸君と同じ労働者ではないか、その生活を守るために我慢してもらいたい」と。

もしも、この案を来島ドックの労組が呑まれなければ、再建を引受けなければいいのだ。

何も佐世保重工の経営を引受けなければならない義理はないのである。

また、この案を佐世保重工の労組が呑まなければ、これまた再建を引受けなければいいのだ。

これが筆者の考えである。

第二の、部課長特訓とは何事であるか、と私はいいたい。部課長に倒産の責任はないのだ。またこんなことをしたところで、再建には何の効果もないことは明らかである。

再建を引受けるのなら、まず再建計画をつくるのが第一である。この再建計画を、銀行、債権者、労組に示して了解をとることではないのか。もしも、この了解工作がうまくいかなければ、これまた再建を引受けなければいいのである。

これが、責任ある人の態度ではないだろうか。それを、再建を引受けてから給与のカットを行なうというのでは明らかに間違いである。

「会社の運命は社長ただ一人できまるものなのだ。佐世保重工の再建は坪内寿夫できまるのだ。(アサヒビールの再建は、樋口廣太郎社長ただ一人で行なったではないか)

部課長がいかに優秀であろうと、懸命な努力をしようと、再建には何の力もないのだ。

それの分らぬ社長には、社長の資格が始めから欠けているのである。

再建社長は、役員、幹部社員に対して自らの決意を披瀝し、再建計画を示してその困難さをよくよく認識させ、社長を中心として全社一丸となっての死にもの狂いの努力を要請すべきである。いうまでもなく、その結果の責任は社長只一人が負うことを明確にしなければならない。そして、役員以下は実施責任のあることをである。

これが社長ではないのか。

第三の、佐世保重工の破綻の教訓を、いかに生かすか、である。

破綻の最大の原因は、タンカーしか作っていない、という完全な単品経営にある。

急激に変ってゆく客観情勢に、単品経営では変化に対応できないからである。

「佐世保重工は単品でつぶれた。多角化というのは口先だけで真剣に取組んでいなかったからだ。ましてよ、わが来島ドックも実質単品経営ではないか、これは危険だ。真剣に多角化を進めなければならない」と。

日本の繊維業界は、沖縄返還の代償として、対米輸出制限を受けて大不況に落ちこんでしまった。しかも、政府からは見捨てられて、何の援助も特典も与えられなかった。

その中で、各繊維会社は必死の努力で革新を行なって見事に生れ変った。売上げの五〇％以上を繊維に依存している会社は、大手には一社もなくなってしまった。かつての停滞企業は成長企業へと大変身をとげたのである。

かつての繊維会社がコンタクトレンズの大手になり、紡績会社が工作機械を作っているという変身ぶりである。

楽器メーカーが二輪車をつくり、さらにキャディー・カート、ウォーター・スクーターなどにも乗り出している。

かつてのカメラの大手が、カメラで十分やってゆけるのに、新たに事務用什器やオフィス用品に進出して、カメラ業界の不況時にも、全くビクともしない総合業者になってしまった。カメラメーカー専業に近い業者は、新商品競争に精も根も尽きんばかりの努力をせざるを得なくなっているというのにである。

来島ドックとて、早くから多角化に取組んでいれば、現在のような状態に陥ることはなかったであろう。

たとえば、鉄骨、橋梁、鉄塔のような事業なら、来島ドックとて十分にできるのである。

**東京発動機**

「トーハツ」として知られた二輪車のメーカーで、太平洋戦争後にいち早く二輪車の生産を開始し、名門の名をほしいままにしたのである。

トーハツの名声は、そのガッチリとした頑丈な車体にあった。戦後の、これといった運搬手段がなかった時には、トラックとしての機能と機動性を併せ持つ唯一の二輪車だった。

そのために、いち早く二輪車業界のトップとして君臨したのである。

経済の復興とともに運搬手段も次第に充実してきた。ダイハツのミゼットは、三輪車のはしりで、〝ウバ車〟の愛称によって急速に普及した。

次第に大きな三輪車が現われ、四輪トラックも姿を見せて、かなりまとまった運搬ができるようになってきた。それにつれて、ダイハツのオートバイは次第に運搬車の役割よりも、本来の乗りものとしての機能を要求されるようになっていった。

昭和三十年頃になると、ホンダ、ヤマハの人気は高まり、依然としてトラックのイメージの抜けない泥臭いトーハツの人気は落ちていったのである。

それにもかかわらず、トーハツの設計方針は変らなかった。そして、一九五七年型では致命的ともいえる売上減少を来して大ピンチに追いこまれてしまった。

その頃、東発の下請工場に勤めていた筆者などは、東発の資金繰り悪化による支払いの遅延で、今では死語になってしまった〝給料遅配〟に泣いたのである。あとは、ズルズルと業績低下が続いた末に倒産してしまったのである。私の勤めていた会社はそれより早くつぶれてしまった。

私は、この経験から二つの大切なことを学んだ。一つはお客様の要求の変化を把えることができなければ、会社はつぶれてしまうということである。もう一つは、オンリーさんの危険である。

それまでの筆者は、もともと生産技術者だっただけに、企業内の生産性の向上にばかり目を向けていて、生産性さえ上げれば企業の業績は上がるとばかり考えていたことの誤りを痛感させられたのである。オンリーさんの危険についても同様である。

この経験が、私に「事業の経営」について、開眼のキッカケとなったのである。

**マミヤ光機**

マミヤ光機のスタートはカメラである。

一時はかなりの業績を上げたが、冷厳な市場原理（競争原理）により売上げは次第に落ちていった。

市場戦争に破れた企業の生きる道は、輸出に活路を見出すか、新商品である。マミヤ光機はプロ用カメラへの進出である。そして、従来の民生用カメラとの二本建てで事業を行なっていた。

ディーラーは大沢商会であった。その大沢商会の倒産による連鎖倒産である。

「技術あって経営なし」これがマミヤ光機の倒産原因である。

その第一は、「我社は作ればよい。売るのは他社に任せる」という職人経営だった。

いかに優れた商品だろうと、他人任せの販売ではダメである。その販売会社がつぶれてしまえば、それで終りである。

「自らの商品は自らの手で売る」これが正しい態度である。その販売も、「最大の得意先でも、総売上げの三〇％以内」として我社の安全性を確保することこそ、社長の正しい態度である。

ところが、流通業者は「我社を総代理店にせよ」という要求をしてくる場合が多い。これは「謝して断わる」でなければ社長ではない。というのが私の持論である。

もう一つの誤りは商品政策である。誤りというよりは無知というほうが正しい。民生用とプロ用という二本建は、実は本当の意味での二本建ではない。民生用は市場原理からいえば〝限界生産者〟だからだ。

限界生産者の運命は、長期的には生き残ることができないからである。だから、マミヤ光機は実質的には単品経営であり、しかも、将来の見込のない民生用カメラに我社の貴重な資源を投入していたからである。

この資源は、プロ用カメラに投入すべきである。こうした商品は、大手の参入は考えられず、高収益安定商品だからである。そして、プロ用のカメラで世界のトップを狙うべきである。もしも、現在トップで世界占有率四〇％以上ならば、その強味の上に立って、何か別の将来性のある事業又は商品に投入することこそ本当である。そして、二本柱から三本柱という総合化の道をである。

このように、企業の資源というものは、将来の優れた機会に投入するものであって、将来性のない商品に投入して、資金と時間をムダにしていては、事業の繁栄は望めないのである。

社長たるもの、商品の市場特性を知らず市場原理を知らずして、事業の経営はできないことを知らなければならないのである。

### サンウエーブと日本熱学

どちらも、倒産した会社である。サンウエーブは再建に成功しているが……。

どちらも、資金運用倒産といわれている。

サンウエーブは、戦後の住宅産業の波にのり、ステンレス製の流し台を開発して、住宅公団の指定を受けてから急成長を開始した。

それも、ただただ増産に次ぐ増産である。

そのために、ムチャクチャな設備投資を繰返していった。始めのうちは銀行が資金を貸してくれたが、あまりのムチャクチャぶりに融資をしなくなった。それでも確固たる資金計画もなく、なお投資を続けたために、ついに資金繰りに詰まっての倒産であった。

日本熱学の倒産の原因は、「コイン・クーラー」だといわれている。使いたい時だけコインを投入すればいいという時間制であった。

これは、実質的には、〝リース〟である。

リース業は、使用者が増えるにつれて運転資金が急増する。結局はこれがネックになって業績は停滞し、果ては倒産に追いこまれてしまったのである。

どちらの会社も、資金運用を知らなかったのである。売上げが増えると、資金繰りが苦しくなることは誰も知っている。それに加えてサンウエーブは放漫な設備投資、熱学はリースというのだからたまったものではなかったのである。

資金運用は、事業経営の中で最も大切なものの一つでありながら、これの分っている企業は極めて少ない。

特に、大型の設備投資をする時には、資金運用計画は絶対的なものである。

これを知っていれば、サンウエーブも日本熱学も倒産しなかったかも知れないのだ。この可能性は大きいのである。

大型借入金返済のための年度別新規長期借入金額も、借入金残高の最高になる年度も、――これを過ぎれば、次の設備投資が可能となる。――そして年度毎のバランス・シートも、財務分析もすべて前向きにできる。五年後の姿でも、十年後の姿でも、掌の上で指さすように明らかになるのだ。

「こよなき道しるべ」――これが資金運用計画なのである。

資金運用計画については、『経営計画・資金運用』篇に詳述してある。

## 業績不振の会社は見ただけで分る

人には〝人相〟があり、家には〝家相〟があるように、会社には〝社相〟というものがある。〝相〟というのは外部に現われたものである。では、業績不振の会社はどんな〝社相〟をもっているか、この点にまずふれることとしよう。それは、どんなものだろうか。

1、環境整備ができていない
2、事務所の建物が身分不相応に立派で広く、事務員が大勢いる
3、事務所の机の配列が、〝学校式〟になっている
4、貼紙が多い――その多くは社員の姿勢や心得についてのもの
5、ハヤリモノの精神運動をやっている

というのが主なところである。以下、少しく補足説明をさせていただく。

環境整備ができていないということは、活動の原点からしてダメだということで、これができていないのでは、何をどうやっても効果は不十分で中途半端になっている、ということである。くわしくは既述してあるので、ここでは述べないが、私が親しくさせていただいている優れた社長各位は、この点を十分に心得ている。

そして、得意先、購買先についての評価は「環境整備を見るだけで十分」と口を揃えておっしゃる。この評価は絶対に誤ることがないことは、私自身の数多くの経験からもいえるのである。

第二の、事務所の建物が立派すぎるというのは、社長の虚栄的な性格を象徴しているからである。

こういう会社の社長室は一段と立派である。広い部屋にジュータンが敷きつめられ、デラックスな家具、額、置物がある。

立派な社長室、立派な事務所に入ると、社長をはじめ社員には必ずホンワカムードが起るものだ。「うちの会社も、こんな立派な建物に入れるようになった」という気持を持つようになるからである。

もう一つ、事務所は、それ自体収益を生みださない。それに貴重な資金をつぎこむのは明らかに厳しさが足りない証拠である。

机の配列が学校式になっているのは、誤ったマネジメント病にかかっているシルシである。内部管理指向型である。机の配列をどう変えようと、会社の業績には全く関係ないのだ。それを、ワザワザ、スペースを多く要する配列をするのは明らかに間違っているのである。一坪一坪に、血の出るような金がかかっていることを忘れるようでは落第である。

貼紙には、何等かの社員の心得が書いてある。「整理整頓」とか、「期待される社員像」とか、様々である。こんな、お説教めいたことをいくら貼りだしても、社員は全く関心を示さないものである。こんなことで社員にドライブをかけても、効果はゼロである。

第五に、ハヤリモノの精神運動を行なっているのは、社長のリーダーシップが欠けていることの証拠である。

ハヤリモノだから、次々と変ってゆく。ヤレ、目標管理だ、ZDだ、CIだというが、それらは何れも社長自身のものではなく、誰かが提唱したものである。つまり、〝借りもの〟なのだ。

社員を指導するのに、〝借りもの〟とは情ない。つまり、自分では何も持っていないのだ。

他人がどうであれ、自らの信ずるところを堂々とのべて、これを行なわせるのが指導者である。

そうしたことは、経営計画書に自らの方針として明示すべきものであって、そのようなものがない証拠である。

自らの指導理念がなくて、正しい事業経営など、できる筈がないのである。

何故、こんなことが大まじめで行なわれるかというと、事業の経営とは何であり、社長は何をしなければならないかと、誰も教えてくれる人がいないために、社長は自分だけの考えで事業を経営しなければならないからである。

どうしてよいか分らずに悩み苦しむ。そこで経営学と称する経営学にあらざる「内部管理学」にとびつく、そして、内部管理学の教えに従って間違ってしまう。

こんなことを行なっていてもうまくいく筈がない。悩み悩んだ末に、ワラをつかむ思いで、あるいはタメシに、或いはヒヤカシで私の社長ゼミに参加された社長は大ショックを受ける。

「目からウロコが落ちた」「横腹に短刀をつきさされた」「ハラワタをつかみ出された」というような感想を私に語って下さる社長さん達が大勢おられる。

そして、その時から社長が変ってしまう。

初めて、「社長は何をしなければならないか」が分り、正しい道を歩み始める。

すると、ボロ会社が立派な会社に変ってゆくのである。

それは、
1、お客様あっての会社である。
2、お客様の要求を満たすことによって、初めて経済的成果を手に入れることができる。
ということを認識するからである。

今まで、何年も何年も迷い、苦しみながら堂々めぐりをした会社が、正しい道をみつけ遅れを取戻すために、「身体が三つほしい」ということになるのである。

# 経済的価値の創造原理

業績不振の会社の社長は共通的な考え方があるのと同様に、優秀会社の社長にも共通的な考え方と行動がある。

それは、業種、業態、規模などの一切の違いを超越している。

優秀会社に共通している考え方や態度こそ、「経済的価値の創造原理」であることは間違いない。

それをまとめてみると、次のようになる。

1、怠慢追放
2、成果はお客様から得られる
3、スクラップ・アンド・ビルド
4、集中
5、動機づけ

である。

これについて、少しく述べてみよう。

## 1　怠慢追放

社長の怠慢は次の三つになる。

第一には「自分で決めようとしない」ことである。

躊躇逡巡《ちゅうちょしゅんじゅん》、陣後督戦《じんごとくせん》、民主経営などなど社長に無用のことである。

社長の役割は「決定」にある。会社の運命は決定によって決まるのであって、「やり方」によってきまるのではない。決定ができない社長程始末に悪いものはない。会社自体の動きがとれないからだ。

決定に「誤り」はつきものである。「誤り」を恐れたら何もできない。誤りをおかさない社長など絶無である。

名社長の条件は誤りを犯さないことではなくて、「誤り」を素早く発見して、これを正す、ということである。

誤りを恐れて決定が遅れ、機を失してしまうことこそ恐ろしいのだ。会社をつぶす危険があるからだ。

第二には、「お客様のところへ行かない」ということである。これこそ致命的な怠慢である。

第三には、「会社の数字」を見ない社長である。ゆるすべからざる怠慢である。社長の役割は、「数字をつくりだす」ことではないか。数字を見ずに、何をどうしようというのか、ということになる。

会社の数字なんか、加減乗除という初歩の算数ではないか。社長として「どんな数字を見なければならないかが分らない」というのも、実は数字を見ていないことになる。分らなければ勉強すれば分るようになるのだ。

私が永年、定期的に行なっている、〝経営計画実習ゼミ〟でも、数パーセントの社長は数字が全く分らないという嘆かわしい状態があるが、そういう社長は自分の責任をどう考えているのだろうか。

## 2　成果はお客様から得られる

合理化、能率、品質というようなものは、それ自体は結構なことではあるが、それは内部管理の優秀さの実証であっても、必ずしも優秀企業の実証であるとは限らない。

商品の収益性が低かったり、販売力が弱くては、優れた業績は期待できない。企業存続に必要な収益を手に入れることによってのみ会社は生き続けることができるのである。

この、何とも当り前のことが、意外な程分っていない。収益は、ただ一生懸命努力することによって得られるのではなくて、商品が売れることによってのみ手に入れることができるのである。

収益は会社の内部にはない。内部にあるものは費用だけである。収益は外部にあるのだ。つまりお客様のところにあるのだ。

それは、お客様の要求を満たすことによってのみ手に入れることができるのであって、他の如何なる手段によっても手に入れることは不可能なのである。

だから、企業のすべての考え方は、お客様の要求から出発し、ここに返ってくる。

この認識にもとづく活動のみが会社を存続させることができるのである。

## 3　スクラップ・アンド・ビルド

市場の変化は目まぐるしい。お客様の要求はドンドン変ってゆく。そのために、我社の事業や商品は、市場とお客様の要求に合わなくなってゆく。過去において、優れた収益をあげた商品が、次第に、ある場合には急速に収益力を失ってゆく。

反対に、新しい商品、新しいサービスが生れる。その中には、お客様の要求に合うものもあれば合わないものもある。その中からお客様の要求に合ったものだけが生き残る。

だからこそ、いかなる会社でも新しい商品を開発してお客様の判定を受けなければならないのだ。

これがスクラップ・アンド・ビルドでありこれをどうやるかで会社の運命がきまってしまう。という厳しい競争社会になってきたのである。

社長がグズグズしていると、たちまち置いてゆかれてしまうのである。

ということは、逆に考えれば、我社の発展の機会は多くなってゆく、ということである。その機会をつかめるか、つかめないかは、社長がどれだけお客様のところへ行って、お客様の要求を教えてもらうことができるかどうかできまるのである。

## 4　集中

企業の持っている資源（人・物・金・時間）は有限である。それにひきかえ、お客様の要求は無限である。

だから、どんなマンモス企業であろうとも、お客様の要求をすべて満たすことは、初めからできない相談である。

お客様のすべての要求を満たそうとすると、すべての要求が満たせなくなってしまうのである。

とすると、有限の資源しか持っていない企業のあり方は自然にきまってくる。それは、

お客様の要求の特定の部分に限定し、その中でお客様の多様な要求を満たす。

ということである。お客様の要求の特定の部分に事業を絞り、これに我社の資源と努力を集中することである。これが集中の原理である。

古くからの諺《ことわざ》に、〝二兎《にと》を追う〟〝二足のワラジをはく〟というのがあるが、これ

らは分散の危険をいましめたものである。

## 5　動機づけ

この原理自体の意味は自明のことなので説明の必要はないだろう。

従来のマネジメントの分野で、これ程多く論じられているものはない。そして、これ程実効の上っていないものもない。

「社員にどのようにしてやる気を起させるか」というような次元の低いことばかりあれこれいわれているが、これが間違っている。

最も重要なことは社長自身の動機づけなのだ。これなくして社員の動機づけなんか考えてもダメである。

社長の動機づけは、社長自らが、自らの動機づけを行なわなければならないのだ。

それの最良の方法は社長自らのお客様訪問である。お客様から動機づけられることが第一である。

これをふまえて、社長自ら経営計画を立てることである。計画を立てている段階で次々と動機づけられてゆく。

経営計画ほど強い動機づけはないのである。

さらに、経営計画発表会によって全社員が動機づけられた。

そして、社長のリーダーシップによって全社員が変ってゆく。

しかし、何といっても最大の動機づけを受けるのは、経営計画を作った社長自身である。

その実証は、社長各位の私に対する次の言葉である。

「身体が三つほしい」

というものである。


右の五項は、単独に或いは複合して経済的成果を高めることができるわけであるが、では、実際にはどのようなことだろうか。

それを、次章以下において実例によって考えてみることとしよう。

# 三　我社の現状分析から収益向上の道をみつけだす

## 市場の地位はどうか

業界の占有率、またはランクのことである。これこそ、何をおいても、まずチェックされなければならないことである。

売上高が伸びているからといって、安心しているわけにはいかない。他社が我社以上に売上げを伸ばせばランクは下がる。業界の伸び率の方が大きければ、占有率は下がるからである。

社長たるものは、我社の売上高を、常に業界全体と比較し、有力な競争相手と比較して、占有率に対する監視を怠ってはならないのである。

ということは、占有率が下がる程、危険なことはないからである。その危険は、〝倒産〟である。

倒産しないまでも、低収益しか期待できず、外部情勢の変化に弱いのである。

占有率が、ある限度以下の会社を、〝限界生産者〟という。その限度は、業界によって違うので、いちがいにこれだけとはいえないが、ごく一般的にいえば、占有率では「一〇％以下」、ランクでいえば上から「三分の一以下」と思えば、当らずとも遠からずのところであろう。経済活動がある地域に限定される場合――たとえば砂利採取業、専門小売業などでは、その地域の中で考えたらいい。つまり、我が県での占有率とか、当市におけるランク、というようにである。

では、なぜ限界生産者は危険なのであろうか。その理由は主なもので三つある。

第一には、景気の変動である。不景気になると、末端の販売業者は、在庫を圧縮してゆく。この場合に、限界生産者からの仕入れをまず中止する。限界生産者は不況に弱いというのはこうした理由によるのだ。

景気が上昇に転ずると、販売業者は在庫増大をはかる。売上増加の見込みだけでなく、まだ値上がりしないうちに買込んでおこうとすることもある。この場合に、限界生産者から、チビリチビリ仕入れていたのではラチがあかない。大手業者から、ドカッと仕入れるのだ。限界生産者からの仕入れは後廻しになるのである。

景気が悪くなる時に、その影響を一番先にうけ、景気がよくなる時には、その恩恵にあずかるのが一番遅れるのだからたまったものではない。「不況を経る毎に企業格差が開いてゆく」といわれるのは、このためである。

第二には、消費者の購買態度である。消費者は、有名会社の商品、なじみの深いブランドは安心して買う。

限界生産者の商品は知名度が低い。きいたことのない会社やなじみのないブランドの商品は、品質はどうなのだろうか、アフター・サービスは大丈夫だろうか、と思う。また、耐久財なんかでは、有名ブランドを持っていること自体にある満足感があるが、名の通っていないブランドの商品には、その満足感がない。このような理由で、限界生産者の商品はなかなか売れない。売れないから値段を安くして何とか売ろうとする。

少ししか売れない上に、値段が安いとあっては、高収益などは望むべくもないのだ。

第三には、何らかの経済的な変動があると、真先に影響をうけるのは、常に限界生産者の商品である。

その好例が、M社の倒産である。同社は万年筆の自由化によってつぶれてしまったのである。

万年筆が自由化されたため、モンブランとか、シェーファーなどの外国の有名商品がドッと輸入された。しかし、デパートや文房具店の、万年筆の陳列ケースの大きさは同じである。輸入万年筆を陳列するためには、いままで陳列していた万年筆の一部をとりのぞいて、スペースをつくらなくてはならない。この時に、M社のような、限界生産者の商品が、真先にとりのけられる。こうして、M社の売上げは、バッタリと止まって一気に倒産してしまったのである。売れない品物は、能率もコストも品質もあったものではない。すべてはむなしいものであることを知らなければならない。

M社の例は特定業界に起った現象であるが、これが大規模に日本経済全体について起ったのが、外ならぬ「石油ショック」である。

物凄い仮需要が起って、日本経済は一瞬のうちに売手市場に変ってしまった。この時に売手は、売上実績の少ない得意先から供給ストップや制限を行なったのである。

経済変動がどのようなものであれ、それによって真先に打撃をうけるのは、常に限界生産者なのである。

以上のべてきた理由によって、限界生産者は、弱い立場に立たされ、常に倒産の危険にさらされている。そして、小さい方から順に倒産してゆくのである。こうして、〝寡占化〟が進行してゆくのだ。

限界生産者の危険について、ランチェスターの法則を適用すると、

**「企業の危険度は、企業規模の二乗に逆比例する」**

ということになる。

ランチェスターの法則は厳然として存在する。いかにたくさんの会社が、この法則を知らず、あるいは無視して、手痛い目にあっているか、実例に学ぶこととしよう。

家庭用換気扇を日本で初めて取りあげたのは、放送機器の空冷装置をつくっていたK電機である。同社の社長が、アメリカ視察の際、この換気扇をみて、これは日本でもいける、と判断した。

早速これをつくり、発表会を開いたところ、素晴らしい盛況で好評である。K電機では、「我社の大ヒット」と喜んだ。しかし、それはつかの間であった。大手の電機メーカーが乗りだし、アッという間に土俵の外にはねとばされてしまったのである。

これは、後から乗りだして市場を横取りした大企業が悪いのではなくて、大きな市場に手をだしたK電機が間違っているのである。当時のK電機は二百名程であった。たった二百名で、しかも本職の空冷装置をやりながら、換気扇のような大きな市場に乗りだしたところで、その市場占有率のいくらを確保できるか、初めから全く話にならないのである。もしも、K電機の社長が、占有率の法則を知っていたならば、こんな過ちはおかさなかった筈である。

同じ過ちをおかした会社に、S電機がある。S電機で開発した「ラジオ付テレビ」の失敗である。同社は、放送機器のメーカーであった。だから、テレビ受像機など、技術的には何の問題もなかった。失敗の原因の最大のものは、テレビの市場が、S電機の規模に比較して大きすぎた、ということである。何がどうなっていようと「必要な占有率を確保できなければ、事業としては成り立っていかない」そのことを、S電機の社長は知らなかったのである。「ラジオ付テレビ」には、事業として成り立たないたくさんの要因を含んでいる。まさに、「やってはいけない事業の見本集」である。この解説は、このシリーズの『新事業開発』篇にゆずることとする。

赤字三十四億円を出し、そのまま再起できずに日立の傘下に入れられてしまったコロムビアの場合を考えてみよう。

当時のコロムビアの売上げは、一期（六ヵ月）たった三百億円であった。その三百億円の売上げで、本来の音響機器の外に、扇風機、冷蔵庫、テレビから、電卓まで手を出していたのである。これでは、音響機器以外に、何一つとして、必要な占有率を確保することなどできなかったのである。家電業界や、電卓業界の大きさを考えてみれば、一目瞭然である。

新規事業が全部限界商品なのだ。これで赤字にならなかったら不思議である。テレビなど、大手メーカーにとってのドル箱商品が、コロムビアでは大幅赤字だったのである。

コロムビアの破綻は、社長が限界生産者の危険を知らなかったというところに、根本原因がある。

むろん、当時批判されたように、同社の名門意識の上にアグラをかいた、ホンワカ・ムードも原因には違いない。しかし、私にいわせたなら、占有率の重要さ、というものが、企業存続の絶対条件であることを知らなかったからこそ、ホンワカ・ムードが起るのだ、ということになる。

占有率確保の難しさを知っていたならば、ホンワカ・ムードなど起る筈がないからである。

コロムビアと対照的なのがビクターである。コロムビアが、三十四億円の赤字を出した期に、ビクターの売上げは五百億円であった。コロムビアよりずっと大きな売上げにもかかわらず、本来の音響機器の外には、テレビ一本に絞っていたのである。だからこそ、大きなテレビの市場に対して、必要な占有率を確保し、高収益を確保することができたのだ。

松下電器が、倒産寸前の宮田自転車を傘下に収めた時（宮田工業と名前をかえた）瀕死の会社に対して打った手は、オートバイの〝アサヒ号〟を切捨てることであった。それはアサヒ号が限界商品であり、会社を大赤字に追い込んだ〝元凶〟だったからだ。これによって、宮田工業はたちまちのうちに、黒字会社に変ってしまったのである。残った自転車とアンスル（消火器）は、何れも占有率の高い強力な商品だからである。

いままでは、限界生産者、限界商品の危険、つまり占有率の低すぎる危険についてのべてきたが、逆に占有率の高すぎる危険もあることを知らなければならない。S社は、占有率九〇％を誇る会社であったが、業績の方はサッパリである。高すぎる占有率が業績不振の原因だったのである。

S社の社長は、占有率は高い程いいと思いこんでいた。そして、占有率の目標を九〇％以上におき、営業部門へこの占有率確保の厳命が下っていた。

単品の占有率ならいざ知らず、業界の占有率を、こんな常識外れの高率に維持するのは、尋常一様な事をやっていては、到底不可能である。だから、何でもかでもムリをして洗いざらい受注しなければならない。その中には、収益性の悪いものや、無謀なまでのダンピングものもあり、競合に勝つためのムチャな安値受注など、収益を全く無視した商品が、三割もあったのである。私の勧告は占有率を六〇％程度まで落さなければならない。切捨てるのは、当然、不採算商品や競合度が高い商品である。占有率にばかり目を向けて、収益性を二の次に考えるのは誤りである。占有率は高ければいいのではない。「高すぎる危険」を知らなければならない。占有率が六〇％をこえたら、それは高すぎると思ったほうがいい、ということであった。

ここで、誤解をさけるために付言したいのは、占有率六〇%以上は危険だというのは、業界の占有率のことであって、単品の占有率のことではない、ということである。単品についていえば、たとえ一〇〇%の占有率であっても、危険でない場合がある。単品については、そのケース毎に検討された上でなければ、何ともいえないのである。

しかし単品で占有率の低い場合は、収益をこれから期待することはできないと思ってまず間違いないのだ。

業界の占有率が高すぎるということの危険はまだある。それは、強力なライバルがいないために、どうしても革新の気風が衰える。その上営業の姿勢が高くなって、お客様の不満をまねく。

恐ろしいのはお客様の不満である。もしも、このお客様の不満を満たす競合会社ができた時には、占有率を大きく喰われる危険が常にかくされている。お客様は「待ってました」とばかり、乗りかえるからである。

占有率についてもう一つ考えなければならないのは、会社の規模と業界の大きさとの関係である。

会社の規模にくらべて、業界が大きすぎれば、その中で必要な占有率を確保することが難しくなり、業界が小さすぎれば、その中で大きな占有率を確保しても、収益の絶対額は小さくて、腹の足しにならない。

このことは、会社の規模と業界の大きさとの間には、相関関係がある、ことを意味している。いいかえると、会社の大きさによって、住みつく業界は自然にきまるということになる。

だから会社の規模と不均衡の業界に住みついたり、進出したりすることは間違っているだけでなく、常に破綻の危険にさらされているということを知らなければならないのである。

もう一つ重要なことがある。我社のお得意の業界における占有率である。もしも主要得意が限界生産者であったなら、これは一大事である。早く三十六計をきめることである。いつ倒産のトバッチリを受けるか知れたものではない。とはいえ、これは生やさしいことではない。鉄の意志と三年の年月を必要とする。そしてそれをやらなければならないのが社長というものなのである。

以上のような基本的な原則をふまえて、常に我社と得意先について、占有率のチェックをすることが大切である。占有率こそ、会社が生き残るための、第一番の条件だからである。

## 年計はどうなっているか

U社にお手伝いをするために参上した時のことである。

社長室に、売上状況のグラフがたくさん貼ってあった。商品別、得意先別、輸出などについての月商額を、年度毎の線グラフで、一つ表に重ねたものであった。ところが、月商額が、月により、年度により、大きく変動するので、それらの線は激しく上下して、錯そうし、私が見ても、その表からは、何も読みとることができないのである。私は社長に、このグラフから何を読みとっているかをきいてみた。社長の返答は、何も読みとれなくて困っている。しかし、社員が苦労してつくってくれるので、それを無にするわけにもいかず、こうして貼ってあるのだという。何のことはない、何の役にも立っていなかったのである。

そこで、私は社長に、グラフというものは一目して、ある〝傾向〟を読めるものでなくては意味がない。上昇下降、拡大縮小、などの傾向である。傾向を正しくつかむことによって、初めて正しい状況判断と正しい決定ができるのだ。

そして、売上げのグラフは、何をおいても、上昇下降の傾向をつかまなくてはならないのである。

これを正しくつかむには、「年計」が最もよい。まずそれをつくるべきである、と説いた。

早速、作図担当者がよばれ、私は年計のつくり方を説明した。そして私は、現在のグラフと全く同じ対象について全く同じ期間についてのグラフを依頼したのである。

できあがった〝売上年計グラフ〟を見た瞬間に、社長は大ショックを受けた。そのグラフには、事態の容易ならざることが、ハッキリと示されていたからである。

年々売上げが上昇している、と思っていたのに、その内容たるや、たった一社に対する、たった一品の売上げだけが大幅に伸びているだけで、他のすべての商品も輸出も、すべてジリジリと下降線を辿っていたのである。

しかも、ただ一つ、売上げが伸びている商品はオール外注で、女子事務員ただ一人で担当している商品だったのだ。数百名の社員が懸命の努力をしている商品は、すべて下降線を辿っている——つまり占有率が下がっていくという大きな危険をはらんでいたからである。

社長が大ショックをうけたのは当然である。ただちに手が打たれたのはいうまでもない。

月別グラフでは全く分らなかったことを、かくも見事に浮彫りにして見せた〝年計〟とはどんなものだろうか。

月別の売上げについて考えてみよう。月別の売上げというものは、いろいろの要因によって大きく変動する。操業日数の違いがある。仕掛期間の長いものや、納期が遅れて翌月に納品されたものは、完成納入月にドカッと売上げが増える。問屋納めの商品は、多量納入月の翌月は売上げが落ちる。十二月は大忙しだが、一月はガタッと仕事が減る、というような事がある。

なかでも変動の最大のものは、季節変動である。そのようないろいろの要因によって変る月々の売上げを比較してみても、事態など的確につかめるものではない。特に、繁忙期の売上げと、閑散期の売上げは、比較しても全く意味がない。

このような状態だから、月々の売上げを生のままグラフにしても、何も分らないのだ。急上昇をしている場合には、上昇していることは月別の売上げでもつかめるけれども、上昇傾向それ自体がエスカレートしているのか、鈍っているのかは分らない。

傾向を正しくつかむためには、そのような月々の変動要因を消し去る必要がある。この要請を満たすものが〝年計〟である。

年計というのは「一年間の数字を、一カ月ずつ移動して累計する」という計算法である。そのために、別名を「移動累計」という。

売上年計といえば「一年間の売上げを、一カ月ずつ移動して累計する」ということになる。たとえば、

平成３年12月の売上年計＝平成３年１月～12月の12カ月の売上累計　①
平成４年１月の売上年計＝
　平成３年２月～平成４年１月の12カ月の売上累計　②
平成４年２月の売上年計＝平成３年３月～平成４年２月の売上累計　③

というようになる。つまり、平成三年十二月の売上年計は「その月を含んだ過去一

年間の売上高」ということになるのだ。

右の、①、②、③の三つの売上年計を見ると、どれも一年十二カ月を含んでいるから、相互の数字の間には、月々の特殊事情や季節変動の影響は全くない。年計とは、このように、季節変動などの影響を消してしまうことを目的として工夫されたものである。（第1表参照）

季節変動が消えるから、純粋に上昇下降の傾向だけをつかむことができるようになるのだ。

季節的以外の月々の変動のうち、繰返し起る変動――つまり、十二月の追込み売上げ、一月、二月の操業日数の減少、定期的な夏休み、などの変動も完全に消すことができる。

ただ、スポット的に起る大きな変動は消せないけれども、一年の売上げに対する変動だから、月別に比較して、十二分の一に縮小され、事態の判断ができなくなるようなことはない。年計グラフに書いてみると、僅かな凹凸になるだけで、大勢には影響ないことがよく分る。（第2表参照）

以上のような理由で、年計では種々の変動が消され、あるいは縮小されるために、傾向だけが浮彫りにされるのである。

さきにあげた年計の計算例の、①と②を比較してみると、①の数字から平成三年の一月の売上げを引いて、平成四年の一月の売上げを足すと、②となることが分る。だから①と②の数字は、平成三年一月と平成四年一月の売上げの差――つまり「前年同月比」の差だけとなる。

前年同月比が上がると年計は上がり、前年同月比が下がると年計は下がる。しかし、その差は一年十二ヵ月の売上げに対して、前年同月比の差であるから、ごく僅かである。したがって、年計をグラフにすればゆるやかな上り下りの波となってくることがお分りいただけると思う。

ゆるやかでありながら、無類の敏感さをもっている。というのは、前年同月比が下がると、とたんに下がるからである。この敏感さこそ、年計の特色であり、貴重なものである。事態が変った瞬間にそれを教えてくれるのだから有難いのである。

また、見方をかえると、「毎月、売上げの年次決算をしている」ということになるのだ。この目まぐるしい世の中に、年一回の決算では機を失するおそれがある。だから、売上げを毎月年次決算することが大切なのである。年計はこの要請にも見

〈第１表〉

（単位千円）

| 年 | | 年 | | 年 | |
|---|---|---|---|---|---|
| 当　月 | 年　計 | 当　月 | 年　計 | 当　月 | 年　計 |
| | | | | | |
| | | | | | |
| | | | | | |
| | | | | | |
| | | | | | |
| | | | | | |
| | | | | | |
| | | | | | |
| | | | | | |
| | | | | | |
| | | | | | |
| | | | | | |

不要のものを消す

**総売上** **主要商品別** **主要得意先別** 売上年計表

**商品名又は社名**

| 月 | 年 | | 年 | |
|---|---|---|---|---|
| | 当　月 | 年　計 | 当　月 | 年　計 |
| 1 | ① | | ⑬ | Ⓑ |
| 2 | ② | | ⑭ | Ⓒ |
| 3 | ③ | | ⑮ | Ⓓ |
| 4 | ④ | | | |
| 5 | ⑤ | | | |
| 6 | ⑥ | | | |
| 7 | ⑦ | | | |
| 8 | ⑧ | | | |
| 9 | ⑨ | | | |
| 10 | ⑩ | | | |
| 11 | ⑪ | | | |
| 12 | ⑫ | Ⓐ | | |

（記入要領）

1. 商品又は得意先は、売上高の上位80％が理想ですが、あまり多くなる場合は上位10〜15くらいにして下さい。
2. 月は必ずしも１月からでなくてよい。できれば決算期に合せて下さい。
3. 各年度の月別売上を千円単位で記入。
4. 年計（移動累計ともいう）は季節変動を除いて、裸の数字をみるもので、1ヵ年間の数字を1ヵ月ずつ移動して累計します。したがって、この表の場合には、初めの11ヵ月は年計がなく、　　年　　月に初めて年計 Ⓐ が記入されます。

Ⓐ＝①＋②＋③＋④＋⑤＋⑥＋⑦＋⑧＋⑨＋⑩＋⑪＋⑫ となり以下順に
Ⓑ＝②＋③＋④＋⑤＋⑥＋⑦＋⑧＋⑨＋⑩＋⑪＋⑫＋⑬＝Ⓐ－①＋⑬
Ⓒ＝Ⓑ－②＋⑭
Ⓓ＝Ⓒ－③＋⑮
以下同様です。

注、この表は、毎月記入していきますので、少なくとも、来期分くらいは記入できるようにつくって下さい。

## 〈第２表〉

（記入法）

1．総売上高は表の左側の目盛によります。
　　将来に向って記入できるように、右方
　　と上方に余裕を十分にとって下さい。
　　（目盛の調節によって）

2．商品別又は得意先別の金額の目盛は、
　　総売上と同じにしますと、下の方に
　　かたまってしまいますので、右方に
　　総売上高の10分の１の目盛（総売上
　　高１億円が１千万円というように）
　　をとって下さい。

3．縦横の目盛の関係は、横軸の１年分の
　　長さと縦軸の年商額の比率が１:1.5〜２
　　くらいにとって下さい。

3．我社の現状分析から収益向上の道をみつけだす

不要の方を消す

**主要商品別　主要得意先別　総売上高年計グラフ**

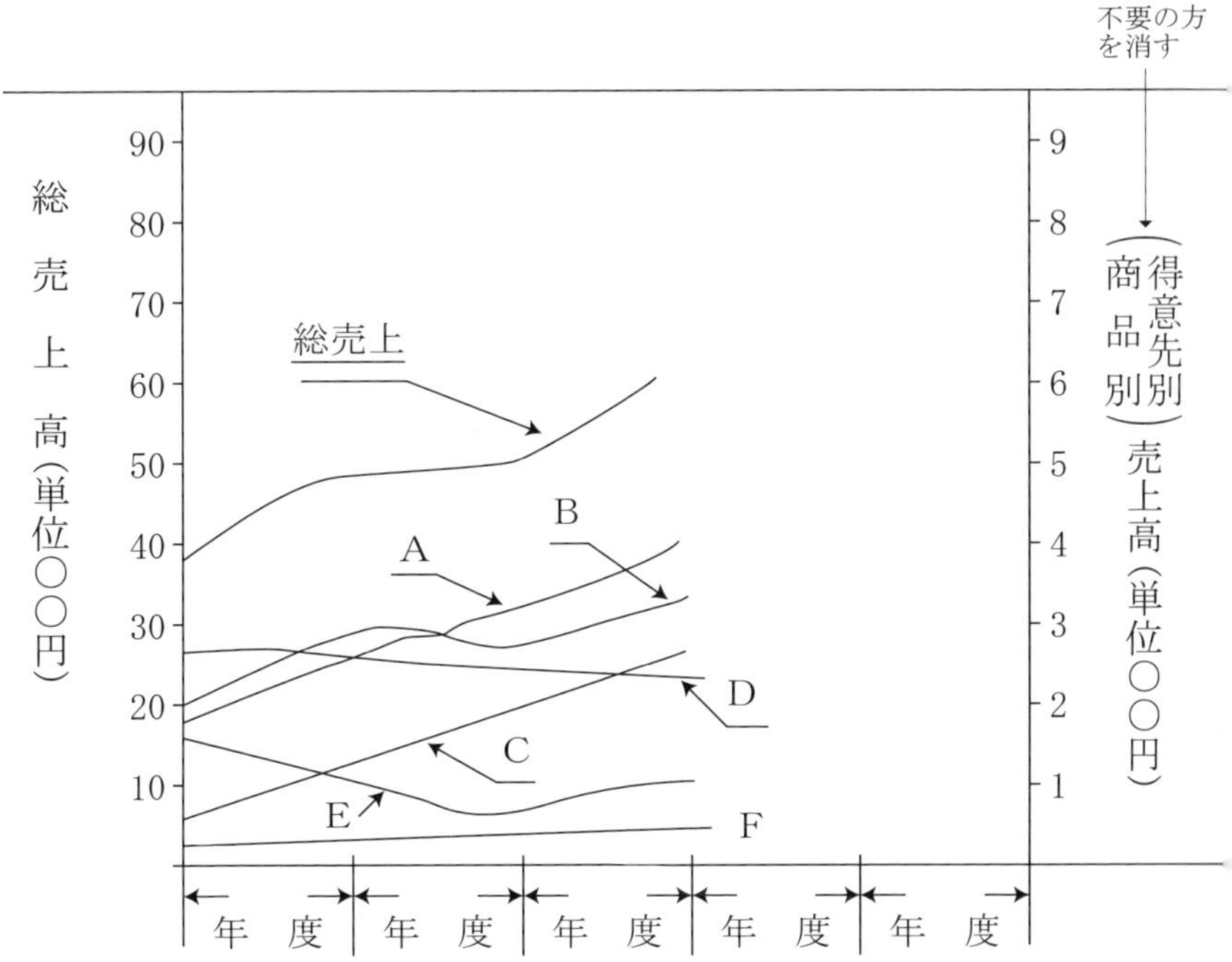

事に応えてくれるものだといえるのである。

年計は、何年も連続してとってゆくようにする。そしてそれは二つの貴重な情報をわれわれに提供してくれる。

一つは長期的な傾向であり、もう一つは景気の変動である。

年計グラフの典型的なものは、ゆるやかな波をうちながら進んでゆく。その波の進んでゆく方向が、長期的な上昇、横ばい、下降などの傾向を示しているのであり、波の上下は景気の変動を示しているのである。ただし、生活必需品になると、景気変動はほとんど年計に影響しない。

U社長が、がく然としたのは、このためである。

次に、景気の変動をあらわす上下のゆるやかな波の性格である。これを心得ていて手を打つのだ。

申すまでもなく波の底から頂上までの時期が景気の上昇期であり、波の頂上から底までの時期が下降期である。

波が頂上に近づくと、その上昇の度合がゆるやかになり、頭打ちし、ついでゆるやかに下降をはじめ、傾斜が急になってゆく。波の底に近づくと、傾斜がゆるやかになり、平らになり、ついでゆるやかな上昇から、傾斜が急になる、という形をとる。つまり、景気の転換点付近は、上昇または下降の度合がゆるやかになるということだ。

もう一つの特性は、この上昇下降は、上がり始めると当分の間——少なくとも数カ月またはそれ以上——上がり続け、下がり始めると、当分の間——同じく数カ月またはそれ以上——下がり続けるということである。そのわけは、経済活動の惰性のためである。

この二つの特性を知っていると、まず景気の転換点の近づいたことがわかり、さらに転換点を間違いなくつかむことができるのである。

年計ほど敏感なものはないことはさきにのべた。前年同月比が下がった途端に年計が下がるからである。二カ月続けて年計が下がったら、八、九分通り景気は下降期に入ったと見て間違いはない。そして、それは当分の間続くとすれば、打つ手はいろいろある。

景気下降期に入ったことが分った時に、まず打たなければならないのは、資金対策である。売上げが下がってゆくのに、売上げの多い時に振出した手形を落してゆかなければならないからである。

まず、売掛金の回収をいそぐ。資材は当用買だ。不急の支出は一切とめる。新規設備投資は無論のこと、現在進行中の設備投資でも、中止できるものは中止し、中止できないまでも延期するか、ピッチを落す。場合によっては、新入社員や欠員補充の削減、中止、延期が必要かも知れないのだ。

その上さらに、いち早く銀行にかけ合って、借金またはその約束をとりつけるのである。

ただし、約束は時にホゴにされるおそれがあることも事実だが。

景気が上昇に転じた時には、他社にさきがけて行動を起す。先手必勝の原理である。

延期していた設備投資を再開する。まだ相手が気がついていなければ、有利な条件で話をまとめることができる。値上がりするおそれの多い商品や資材、なかんずく、市況商品などは手当を急ぐ。この場合にも有利な決済条件をむすべるのだ。

また、強気の見込生産を行なう、など景気下降期と反対の手を打てばよいわけである。

年計は、いつも典型通りではない。様々な形をとる。そして、その形がいろいろなことをわれわれに教えてくれるのである。

第一には、年計が横ばいまたはジリジリと下がっている場合である。これは〝限界生産者〟または〝限界商品〟に見られる特性である。これは、倒産に向ってバク進している姿であり、最も危険な状態であることを知らなければならない。早く手を打たないと大変なことになる。

打つ手というのは、まず商品が何か大きな欠陥をもっているかどうかのチェックである。もう一つは、商品構造の欠陥である。これらは、いずれも社長自らお客様のところへ行って教わってくるのが最もよい方法である。

決して社員任せにしてはならない。会社がつぶれるかどうかの分れ道になることを、社員に任せて探させるというような社長では、全く望みはないのである。

もう一つは販売戦略の再検討である。最も大きな誤りは、常に自らの商品を自ら売ろうとしないところにある。何がどうなっていようと、自らの商品は自らの手で売らなければならないのである。このことを認識しない限り、販売は絶対といっていい程伸びない。たとえ伸びても、やがては頭打ちしてしまう。ところが、業績不振会社はいうまでもなく、中小企業全般の傾向として、販売に意欲も関心も示さない社長が多すぎるのである。

販売戦略については、『販売戦略・市場戦略』篇に詳述してあるので、そちらに譲ることとする。

第二には、年計に〝釘折れ〟がある場合である。これは内外の何かの変化の影響を表わしている。

強力な会社の新規参入、あるいは新商品開発――場合によると我社の主力商品の類似品――などの外部要因の変化が、現実に我社にどんな、そしてどれだけの影響を与えているかということを示している。

社内要因の変化としては、新得意先、新商品や新事業、新営業所の開設、値上げ、値下げなどが我社の業績をどれだけ変えたか、ということを定量的に示しているのである。釘折れと、その度合によって、我社の施策の成否を知り、これを評価することができるのである。

第三には、大きく不規則な凹凸がある場合である。これは、一物件当りの金額が大きな会社に発生しやすい。突然大きな物件売上げが発生した場合には、一年後にはその影響が消えてしまうから、長期的には無視すればよい。

無視できないのは、常態としてこれがある場合である。この場合は、その会社の規模に比較して物件単価が高額すぎるからである。そのために業績は常に不安定で、いつまでたっても会社の基礎は固まらない。だから、物件単価を引下げて物件受注数を多くして、安定を図らなければならないのである。

これには、かなりの英断を必要とする。この場合に社長の踏切りを促すものは、やはり社長自らのお客様訪問により、お客様の意向をよくきくことである。社内に相談をかけたら、反対にあうにきまっているからである。

以上、基本的な見かたについてのべたが、いくつかの実例をあげて、応用問題を考えてみよう。

**売上げ頭打ちに気づく**

L社は、小型編組機のメーカーであった。

お伺いして直ちに総売上高年計表→年計グラフを作っていただいた。それは、**〈第3表〉**のようなものだった。

〈第３表〉　Ｌ社総売上高年計グラフ

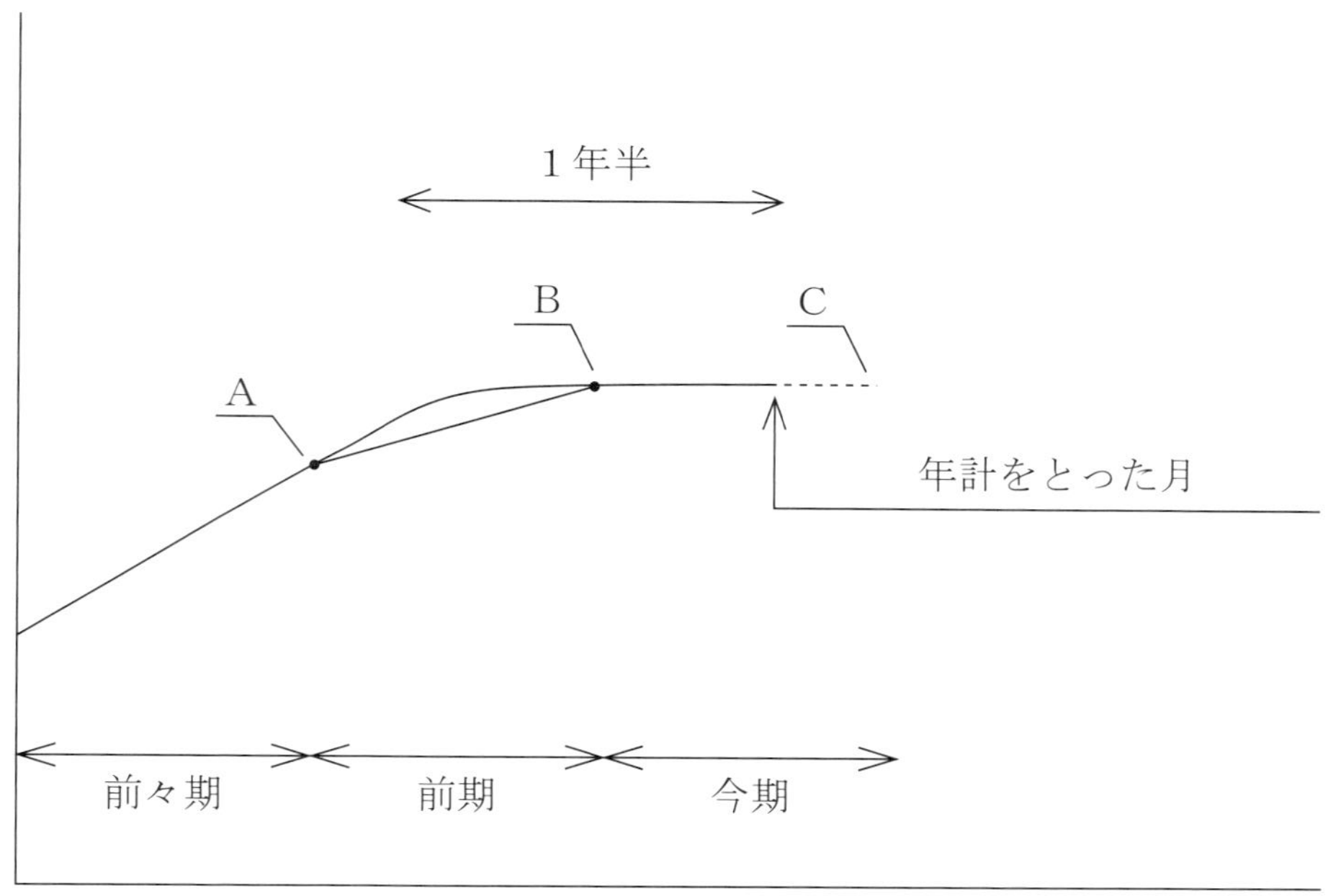

社長だけのために書かれた手づくりの実務書

# 出版物のご案内

日本経営合理化協会　出版局

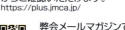

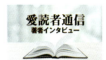

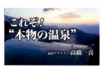

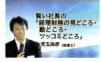

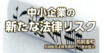

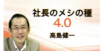

毎年順調に伸びていた売上げが、一年半前から完全に横ばいになっていた。これは一大事である。業界は成長しているのであるから、L社の占有率は一年半前から下がっていたのだ。このことを、社長はじめ役員も誰一人として気づいていなかった。というのは、前々期（決算月は第3表の〈A〉点）が過ぎて前期になると直ちに売上げ横ばいが始まっている。前期決算期の〈B〉点では〈A〉点より売上高が多いからであった。この例のように年次決算だけの数字では実態を把えることはできないのである。あと二〜三カ月で今期決算〈C〉点で初めて横ばいを知ることができるのである。

これが年次決算だけしか見ない危険である。占有率低下の始まりを、年計グラフをとっていないばかりに一年半も、いいや今期決算まで知らずにいるようなことが起るのだ。

私は、この年計グラフを社長と役員に提出して「あなたの会社は一年半前から占有率低下が始まっているのに、それを知らずにいた。いま、直ちに〝非常事態宣言〟でもして、全社をあげて占有率奪回を計るべきである」と勧告した。

それは、「社長と営業部門だけでなく、役員全員が（開発担当役員さえも一時開発業務を中止して）お客様訪問をすべきである」というものだった。

非常事態宣言というのは、会社の中のすべての業務に優先してこそ意味があるのだ。職制を度外視し、開発活動を中止してもである。

Ｌ社の場合には、占有率低下という重大事態である。会社の存続をおびやかす最大のものは、赤字と占有率低下である。それを解消することこそ、すべてに優先しなければならないのだ。

非常事態宣言というものは、永久にやるものではない。会社の危機を突破するまでの一時的なものである。

## 景気変動をとらえて先手を打つ

Ｊ社は海運会社で国内の貨物輸送を行なっていた。

海運会社というのは因果な事業で、不景気の時には船腹が余っているが運ぶ貨物がないので、営業活動を行なっても、効果は期待できない。

反対に好況の時には運ぶものは沢山あるのだけれど船腹が足りないために販促活動ができない。

むろん、自社手持の船と外部よりのチャーター船の増減によって調節しているのだが、これも景気見通しを誤れば、不況の時にチャーター船を遊ばせてしまったり、好況の時はチャーターしたくともチャーター船はない。というような状況だった。

J社の業績は、景気の変動を的確に予測して、チャーター船の増減を先手をとって行なうことができるかどうかにかかっているのである。いかにして景気の変動を的確に予測するか、が社長の最大の悩みであった。

国内海運の市場は大きく分けて鉄と雑貨である。景気がよくなってくると、まず鉄鋼の動きが活発になって、船腹がこれにとられる。一般の雑貨はそれより六カ月程遅れて荷動きが活発になる。このことは、社長以下役員は知っているのだが、いつもチャーターのタイミングが遅れてしまっていたのである。

私は、鉄鋼の出荷量はつかめるのかを聞いてみると、これは毎月発表される（当時は発表されていたが、その後発表されなくなってしまった）のでつかめるという。

そこで、出荷トン数の年計グラフと、J社の運輸量とを同一の年計表に記入してみた。それが〈**第4表**〉である。

〈第４表〉鉄鋼出荷量Ｊ社運輸量年計グラフ

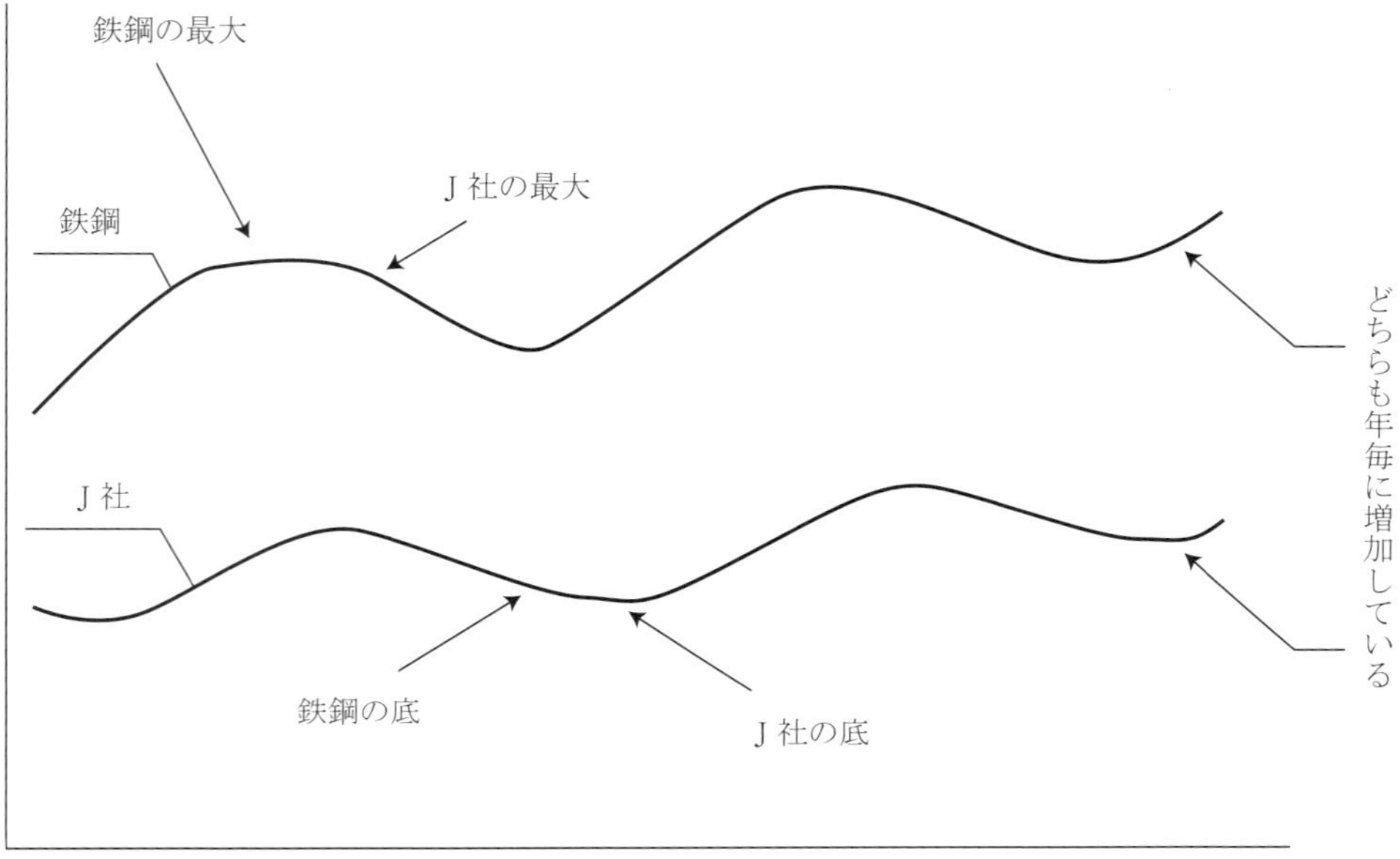

何と美事なばかりの相関である。しかも鉄鋼の年計のピークとJ社の年計のグラフのピークが、ハンで捺したように五〜六カ月遅れている。底も同様である。社長はこれを見て唸ってしまった。これなら正しい状況判断が簡単にできる。鉄鋼の山がきたらチャーター船は短期契約に切換える。鉄鋼が底を打ったら、J社の運輸量は下降していても、チャーター船は先手を打って長期契約をすればよいのである。

社長の悩みは一挙に解決しただけではない。正しい状況判断のもとに確信をもって決定を下すことができるようになってしまった。

こうしたことは、年計以外では、まずは不可能である。このように、事業経営に最も必要な情報は、傾向であって断面ではないのである。

**決算数字を見て予測を誤る**

S社は、カメラの三脚の専門メーカーだった。

三脚の材料は、薄肉のパイプで、納期の三カ月前に発注しなければならなかった。造管チャンスは三カ月に一回だからである。

種類は大型用と小型用の二種類で、私がお伺いした時は販売予測の誤りのために、小型製品は倉庫にあふれていながら、高級品は脚のパイプがないために生産不能で、お客様のヤイノヤイノの催促を受けながら、どうしようもなかったのである。

その誤りの原因は、〈**第5表**〉に見られるように、前々期と前期の売上実績の延長線上に販売予測の数字を求めたからであった。

決算数字による予測の誤りは、年計予測が教えてくれる。

年計に見る如く、前期の半ば過ぎから、小型機の売上げは下降し、大型機の売上げは上昇している。お客様の好みが大型機に移ってきたのである。このお客様の好みの変化は、年度売上げを見ても分らない。年計で初めて分るのである。

もうお分りであろう。決算期の年商額比較では、その期間中に起った需要の変化は把えることはできない。年計のように、対前年同月比較の増減を見ることによって、はじめて需要の増減月を知ることができるのであることを知らなければならないのである。

〈第5表〉 決算数字による予測と年計による予測

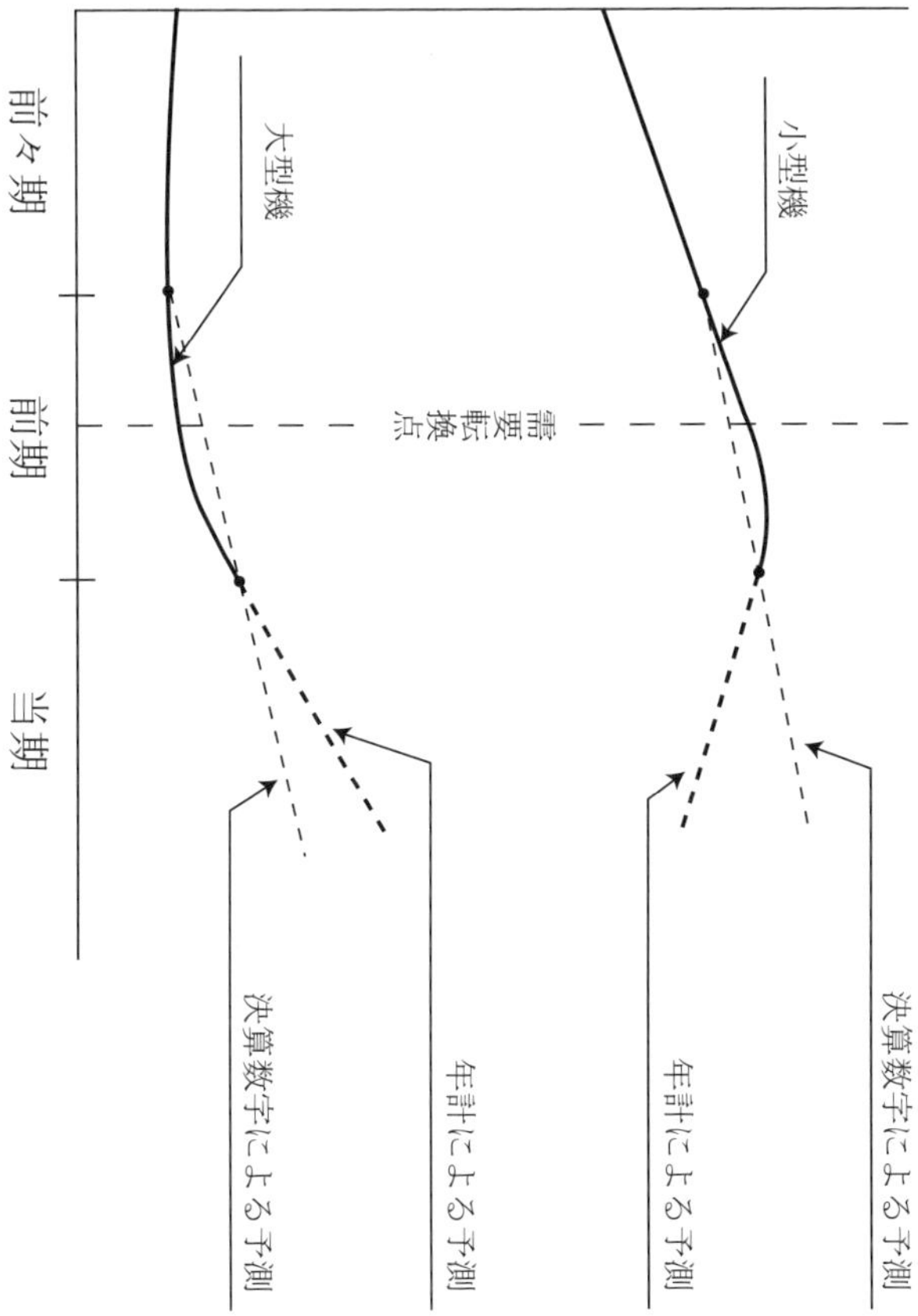

## N社

N社は菓子問屋である。年々低下してゆく粗利益率が悩みの種であった。しかも、その原因が分らないので、手の打ちようがなかったのである。

その原因を発見したのは、仕入先別の仕入年計グラフであった。仕入高は売上高と比例していると見ていいから、このグラフは、売上高の長期的傾向を表わしていることになる。

そこには、三つのハッキリとクラス分けできるグループがあった。第一のグループは、売上高が大きくて、伸び率の大きい大メーカー。第二は、中位の売上げで横ばいの中堅単品メーカー。第三にはそれ以外の弱小メーカーで、仕入れは下降線を辿っていた。

最も伸び率の高い大メーカーの商品の粗利益率は低く、粗利益率の高い中堅メーカーは横ばいだったのである。これが、粗利益率低下の原因だった。

直ちに手が打たれた。その手というのは、粗利益率の高い中堅メーカーの商品を洗い直して、拡販の可能性の高い商品を選定し、最重点商品として、集中的な販促活動の展開である。これは、予想以上の効果をあげた。中には、数カ月のうちに売上げが二倍、三倍になった商品もあったのである。粗利益率が回復したのはいうまでもない。

商品別の売上年計は、経営者は必ず見ていなければいけない。特に主力商品、高収益商品の伸びの状況から目を放してはいけない。伸び率が鈍ってきたら大問題である。

O社では、年計から最重点商品の売上げの伸びが止まってしまった事を発見した。好調な売上げに安心して、商品の改良を怠り、他社商品に喰われていたのである。この誤りは正され、売上げは回復したのである。

U社では、地域別の売上高年計をつくってみたら、あまり力をいれていない地域の売上げが好調なのを発見して、この地域に力を入れることを決定した。

L社は菓子のチェーン店を経営している。このような場合には、店舗別の売上年計を見ることが大切である。これをとって見たところフランチャイジーで売上高の伸びているグループと、さっぱり伸びないグループがあることが分った。伸びないグループをよく観察してみたら、それらは申し合わせたように兼業だったのである。

創業当時は、とにかく店舗がほしかったので、申込みを見境なく契約したためだったのである。この年計を見た社長は、以後のフランチャイジーは専業でなくてはならない、という方針を決定したことはいうまでもない。

年計は、我社の年計だけでなく、特定業界の総売上高、特定業界の特定商品の売上高なども、データーさえ手に入ればつくることができる。そして、それは貴重な情報を我社にもたらす場合が多いことを、私は数多くの会社で見せつけられるのである。

有難いことに、年計の見方は、難しいところもなければ、専門的な知識は何も必要としない。見ただけで、パッと感じるのである。

私は、会社のお手伝いをするときは、最初に必ず右のような年計グラフをつくっていただいて、社長といっしょに検討するのである。

我社の現状をつかむのに、絶対にかかせない貴重なものだからである。

## 生産性はどうか

会社の持っている資源は僅かなものである。僅かな資源を、どのように有効に使うかということは、社長の関心のうち最も大きなものの一つでなければならない。

それにもかかわらず、多くの会社で、想像以上に間違った使われかたをしている。

しかも、その原因が、近代化、能率化を狙いとした、マネジメントの数々の思想や手法や、管理機構を導入したことによることが、非常に多いのだから困ったことである。

それらの管理機構や手法は、成果をあげるために役立ってこそ意味があるのだ。この常識が忘れられて、管理すること自体がいいことだと思いこんでしまっている人があまりにも多い。

社長たるものは、我社の資源が本当に有効に利用されているか、少なくとも有効化が進んでいるかどうかをチェックしなければならない。しかもそのための手間ヒマはごく僅かしかかからないのだから、ぜひ行なうことをお勧めする。

その手段は、**「生産性の測定」**である。

生産性とは、「成果に対する費用の割合」のことである。成果に対する費用の割合が低ければ、生産性が高いのはいうまでもない。

一般式にすると

$$生産性=\frac{産出高（アウトプット）}{投入高（インプット）}$$

となる。会社の場合には、産出高とは〝成果〟であり、投入高とは費用を意味すると思えばよい。

成果というのは、会社の生みだした〝経済的価値〟のことである。メーカーの場合には、〝付加価値〟〝限界利益〟〝加工高〟などとよばれているものであり、流通業では〝粗利益〟といわれているものである。また、決算書では、この成果のことを「売上総利益」とよぶ。

定義づけは、「企業の売上高から仕入高を引き去ったもの」となる。

売上げは、その会社で生みだした経済的価値ではない。何故かというと、その中には外部でつくられた経済的価値が含まれているからである。だから、その会社の生みだした経済的価値を知るためには、外部でつくられた価値を引き去らなければならない。外部でつくられた価値とは、仕入高であり、メーカーの場合には「原材料費と外注費」である。

この成果を生みだすために、会社はいろいろの費用を投入する。それは、人件費と経費であり、費用ではないが、成果を生むために投入される設備もあれば運転資金もある。そこで、これらの費用や活動が、どのように有効に使われているかを、前記の算式に当てはめてみて、判定をするのである。

計算の結果、答が大きい程、生産性が高いことになる。分数であるから、分母（投入高―費用）が小さく、分子（生産高―成果）が大きい程、答は大きくなるからだ。ただし、単に絶対値を見ただけではダメである。大切なことは、〝傾向〟を見ることなのである。そして、傾向を見るためには、少なくとも三年にわたって数字を見なければならない。

数字が上り傾向であれば、たとえ絶対値が小さくとも心配はいらない。反対に、絶対値は大きくとも、傾向が下り坂ならば大変である。このまま進んだら、ますます低くなることを意味しているからである。

では、どんな生産性を見たらいいのだろうか、ということになる。

まず見なくてはならないのは、会社全体の生産性の傾向である。その計算式は

$$会社全体の生産性 = \frac{総付加価値（総粗利益）}{総　費　用}$$

（総粗利益＝売上総利益）　　（総費用＝総付加価値－経常利益）

となるのである。これを、三年間の傾向としてつかまえるのである。

これが上り傾向であれば、全体として現在の方針が当を得ているということであり、下り傾向ならば、方針を転換しなければならないことを意味しているのである。

全体としての生産性が、上昇、下降と、どちらの場合にも、その内容として、どの部分の生産性が上り傾向で、どの部分の生産性が下り傾向かをつかんで、手を打つ必要がある。

伝統的な方法では、部門別損益計算を行なっているが、これは共通費の配賦という誤った原則のために、真実の姿が分らなくなるどころか、場合によると全く間違っ

た判定をおかす危険さえある（その解説は、『増収増益戦略』篇にゆずる）から、捨て去らなければならない。

正しい判定を、しかも極めて簡単に行なえるものが「部門別生産性測定」である。

この場合に使う数字は、生産性の算式の分子は「部門付加価値」（粗利益）であり、分母は「部門人件費」である。

この〝答〟の簡単な判定法は、一般的にそれが「三」以上ならば黒字、以下ならば赤字または赤字にならないまでも、かなりの低収益と思って間違いない。

いいかえると、人件費の三倍以上の付加価値（粗利益）がなければ、事業としての価値がない、と思えばよいのである。

この算式は比率であるために、物価水準の変化には影響されないから、その点は心配する必要は全くないのである。

社内の生産性の状態を知るためには、算式の分母、つまり成果を生むために投入されたいろいろな活動ごとに、その数字を入れればよい。

例えば、労働生産性を知りたければ、

$$\text{労働生産性} = \frac{\text{付加価値（粗利益）}}{\text{総　人　員}}$$

でよい。もっと細かく知りたければ、

$$\text{製造生産性} = \frac{\text{総付加価値}}{\text{製造部門の人員}}$$

$$\text{営業生産性} = \frac{\text{総付加価値}}{\text{営業部門の人員}}$$

$$\text{間接部門生産性} = \frac{\text{総付加価値}}{\text{間接部門の人員}}$$

のようにすればよい。つまり、計りたい生産性を分母にもってくればよいのだ。

これは、パーヘッドであることにお気づきと思う。パーヘッドとは、生産性の物差そのものなのである。

部分活動の生産性は、労働生産性の外に、代表的なものとして、次のようなものが考えられるのである。

$$\text{賃金生産性}=\frac{\text{総付加価値}}{\text{賃　金}}$$

$$\underset{\text{（設備）}}{\text{固定資産生産性}}=\frac{\text{総付加価値}}{\text{固定資産}}$$

$$\text{棚卸資産生産性}=\frac{\text{総付加価値}}{\text{棚卸資産}}$$

以上のべてきたような分析を行なって、我社の生産性は、どこがよくなっていて、どこが低くなっているかを知ってこそ、打つ手がきまってくるのである。

生産性の高くなってゆく部分は、さらに高くするための手を打ち、低くなってゆく部分は、これを喰い止め、さらに上昇に転ずるためには何をしなければならないかを考えるのである。

我社の生産性分析の結果は、どのような活動が効率的であり、どの部分の活動が非効率であるかを思い知らされるものである。

賃金の上昇が、どれ程生産性向上を難しくしているかを、今さらのように教えられるかも知れない。

近代化、合理化と思っていたことが、実は全く反対に生産性を落しているかも知れないのだ。そして、その危険は意外な程高いことを、私は自分の経験から知っている。

しかし、個々の活動の重要さもさることながら、事業経営にとって、その業績を基本的にきめてしまうものは、〝費用〟ではなくて〝成果〟である。生産性の算式に従えば、生産性向上は、

1、分母を小さくする

2、分子を大きくする

ことによって得られる。この二つのうち、分子を大きくするということである。このことが忘れられて、分母を小さくすることが生産性向上の〝きめ手〟であるかのような理論や主張が多すぎる。つまり、マネジメントの理論がそれである。

これは全くの間違いである。というのは、分母を小さくすることなど現実には不可能であるからというより、急激な上昇を押さえることさえできないということである。

そして、分子を大きくするということが全くといっていい程忘れられているのは、

不思議という外はない。

ここで、一つ注意しなければならないことがある。それは、「販売に関する生産性は、大きければ大きい程いいということにはならない」ということである。これは、くれぐれも心してもらいたい。販売以外の全ての生産性は高い程いいのだ。これだけは「高すぎる危険と高くする危険」があるからだ。

というのは、販売活動の対象は市場だからである。

セールスマン一人当りの付加価値（粗利益）――売上高で代用してもよい――は、あまり高すぎると、顧客訪問の頻度が落ちて顧客サービスが悪くなるだけでなく、競合会社より訪問頻度が少なくなって、得意先を奪われてしまうからである。〝訪問効率〟というような物差など、販売というものを全く知らないやつの寝言である。訪問効率など高めようとしたならば、たちまち売上げを落してしまうのである。

配送効率を重視して売上げを落してしまった会社を私はたくさん知っている。お客様の要求する納期が無視されるからである。

在庫の効率を上げると品切れが多くなる。売場効率（単位面積当りの売上高）が高くなりすぎると、同じく品切れを起して売上げを落すのである。

だから、「販売に関する生産性は、高すぎても低すぎてもいけない」のである。

ところが、これでもいけない場合がある。それは、「占有率増大作戦」や「新商品販売作戦」における初期では、生産性は無視しなければならないのである。

販売活動というものは、このように〝一筋縄《ひとすじなわ》〟ではいかない代物であることを忘れてはならないのである。

これは、生産性無視ではなく、そのような生産性無視の活動を続けることにより、窮極には会社の生産性を向上させるものなのである。


成果をあげるための、最大の要因は〝事業構造〟にある。事業構造の適否こそ、成果をあげられるか否かの境目なのである。

事業構造については、市場、顧客、販売網、商品、供給体勢、人的構成、そして財務などが主な領域であろう。

ところで、事業構造のうちで、成果の中心となるものは〝商品〟である。

商品についての正しい認識をもち、この認識のもとに、我社の商品にメスを入れることこそ、成果達成の第一に必要なことである。

私はこれを〝商品分析〟と名づけている。商品分析は、単に〝原価〟を明らかにするというようなことだけで、商品の性格など分るものではない。

商品の性格を構成する要素は多いのである。それらの多くの要素を総合して判断し、打つ手をきめなければならないのである。

それを、次にのべてみることにしよう。

## 商品の収益性と将来性はどうか

どの会社でも、いろいろな商品をもっている。収益性のよいものもあれば悪いものもあり、売上げが伸びているものもあれば伸びないものもある。将来性にも差があるし、社内の評価がマチマチの商品もある。

だから、我社の商品の特性を分析し、収益性向上のための、商品毎の方針をハッキリさせ、その方針にそった行動がとられなければならないのは、極めて当り前のことである。

それにもかかわらず、そのような分析をした上で、明確な方針を出している会社が非常に少ないのは、いったいどうしたことなのであろうか。

会社の収益源は商品以外に何もないことは分りきっている筈なのに、それができないのは、分析のやり方と、特性に応じた正しい手の打ち方についての原則が、よく分らないことが重要な原因の一つになっていることも間違いないらしいのである。これは、私の経験を通じて感ずることである。

そこで、私が使っている分類と、その考え方についてのべてみよう。

私は、商品を大きく六つに分類する

昨日の商品（斜陽商品）

今日の商品（安定商品）

明日の商品（成長商品）

不必要な特殊品

経営者の我の申し子

シンデレラ

である。むろん、右の分類に入らない商品もあるが、あまり分類を多くすると、理論的には完璧に近づくけれど、実用的にはかえってややこしくなるので、この六つに限ることにしているのである。

そして、それぞれについて、五項目の分析と考察を行なうことにしている。その五項目とは、

1　売上高
2　売上高の傾向（上昇・安定・下降）
3　収益性
4　企業のそれぞれの商品に対する一般的な態度
5　成果を高める態度

である。（以下、一四二頁のまとめを参照しながら読んでいただきたい）

まず最初の〝昨日の商品〟である。発売後年数がたって老齢化し、将来を見込めない商品をいう。売上高は、まだ多額だけれど、その傾向は下降線か、どんなによくとも横ばいしか期待できない。その横ばいも、いつ下降線を辿るか分らないのである。このようになるのは、一つは供給業者と供給体勢が過剰で競争が激しいこと

## 商品分析のまとめ

| 商品の類型 | 売上高 金額 | 売上高 傾向 | 収益性 | 企業の一般的態度 | 成果を高める態度 |
|---|---|---|---|---|---|
| 昨日の商品 | 多額 | 下降 | 低い | 高額の追加資源投入 | 成り行きまかせ、機をみて切捨て |
| 今日の商品 | 多額 | 安定 | かなり | 最も高額・良質な資源投入 | 投入資源の減少 |
| 明日の商品 | 少額 | 上昇 | 高い | 投入資源不足 | 良質な追加資源投入 |
| 不必要な特殊品 | 少額 | 不安定 | 低い | 高額な資源投入 | 切捨て |
| 経営者の我の申し子 | 少額 | 頭打ち | 低い | 高額・良質な資源投入 | 切捨て |
| シンデレラ | かなり | 伸悩み | 高い | 投入資源極度に不足 | 良質な追加資源 |

であるが、何といっても最大の原因は、「お客様の要求が少なくなってゆく」ことである。当然のこととして収益性は低いのである。

お客様の要求が低くなっていくのであるから、いくら売上げを伸ばしたくとも、沈んでゆく太陽を引戻そうとするようなもので、全く不可能なのである。お客様は、自分の欲しくないものは買わないのだ。

それにもかかわらず、たくさんの企業ではこれを知らずに売上高を回復しようとして、多額の追加資源（人・物・金・時間）を注ぎこむ。社長が先頭にたって旗をふる。「売上げを落すな」と。

合理化やVAを行なってコストを下げようとする、広告宣伝を強化する、値下げを行なう、優秀なセールスマンを投入する、特売を行なう、などなどである。

どのような手を打っても、一時的に僅かな効果があっても、その延命は望むべくもないのである。特に、優秀なセールスマンを投入して効果がないと、そのセールスマンに対して「見損なった」という全く間違った評価を下してしまう危険があるのだ。

かつて、本田技研でオートバイの一斉大幅値下げを行なったことがある。このとき、昨日の商品であるベンリーを三万円余り値下げした。それにもかかわらずベンリーの売上げは回復しなかった。お客様が欲しくない商品は、いくら値下げしてもダメなのに、販売の神様といわれた藤沢武夫でさえこうした誤りをおかすのである。ましてや、中小企業の社長においてをや、ということになるのである。

では、成果をあげるためには、どうしたらいいか、ということになる。それは販売促進活動を一切やめて、成り行きに任せることが第一である。そして引上げた資源を、他に転用することによって、その部分から収益をあげるのである。

それでも成り行き任せだけではいけない。落ちこんでゆく売上げを見ながら、機をみて「切捨て」を行なわなくてはならないのである。

たくさんの会社で、この正しい態度を知らずに、貴重な資源をつぎこんでいるのは、全くもったいないことである。

第二には、「今日の商品」である。これは、現在の我社の収益の最も多くの部分を生みだしている主力商品である。

売上高は多額で、安定している。収益性もマアマアである。

このような商品には、どの会社でも、最も高額で良質な資源を投入している。これは、一応はもっともなことのように思われる。しかし、一歩掘り下げて考えてみると、そうでないことが分るのである。

というのは、販路は確立し、安定的な売上げが期待できるし、供給体勢も整備されている。何も会社の中の偉い人が、寄ってたかって面倒をみなくとも、売上げが落ちるわけではない。

反対に、このような商品の売上増大を強引に図ろうとすると、まずいことになるのだ。

というのは、市場はほとんど開拓され尽しているので、売上げを増大させるためには、競争相手の得意先を横取りしなければならない。

そんなことをしたら、相手が黙っているわけがない。猛然として反撃してくる。こうなれば「泥試合」である。その結果は、値崩れを起して収益性は低下し、自らの手で、まだ寿命のある商品の寿命を縮め「昨日の商品」に追いやるという誤りをおかしてしまうのである。この戦法こそ、日本人の最も得意とするものなのである。

「今日の商品」に対する正しい態度は、お互いに、現在の得意先を温存することだけにとどめるということである。そして、様子を見ながら投入している資源を減らしていくことなのである。あまり遠くない将来に「昨日の商品」になる運命を考えたならば、この態度が正しいことがお分りになると思う。

第三に「明日の商品」である。生れてまだ間もなく、あるいは比較的新しい商品で、現在は会社の収益には僅かの寄与しかしないが、将来性のある商品である。まだ売上高はあまり多くないけれども、傾向は上向きで、いい感じである。収益性は高い。

明日の商品に対する、企業の一般的な態度は、何と不思議なことに、投入資源が不足している。つまり、あまり力を入れていないのである。

営業部門のいい分は、「何もそんなに力を入れなくとも売れるじゃないか。だいいち、売れ売れといわれたって、供給体勢ができていないから、すぐに品切れを起すじゃないか。まだ売上高が少なく、すぐに品切れを起すような商品に力を入れるより、売上高が大きく、商品がだぶついていて、売上げの落ちてゆく商品（昨日の商品をさしている）の売上げを回復させることこそ先決だ」というようなことである。

供給部門（製造または仕入部門）のいい分は、「そんなに造れ（仕入れろ）といったって、まだ生産の体勢が整っていない、治工具はまだ揃っていないし、人手も十分ではない。そんなものに力を入れたら、昨日の商品の生産にも差支えができる」というようなことになる。

これは、全く間違った態度である。正しい態度――つまり成果を増大させる態度は、新規の資源、しかも質のよい資源を優先的に投入することである。

最重点商品として、社長が直接指導をする。営業部門では優秀なセールスマンに担当させ、ＰＲを活発に行なう。製造部門では、昨日の商品など後廻しにし、治工具整備も外注も最優先にして、シャニムニ造ることである。

こうすることによって、まず収益の大幅増大が得られる。それは、昨日の商品に投入する資源より僅かな資源で、昨日の商品より遥かに多くの成果が期待できるのである。つぎには、いち早く「市場占有率」を確保できることである。占有率こそ生き残るための基本条件であることは、前にのべた通りである。業界における長期的な優位性を得るためには、明日の商品に力を入れることこそ重要なのである。

第四には「不必要な特殊品」である。ごく限られた用途または得意先しか持たない商品で、収益性の悪い商品をいう。特注品などもこの分類に入るものが多い。こうした商品は、お客様の特殊な要求というよりは、むしろ、メーカーまたは商社が注文をとりたいばかりに、間違ったサービス精神による特色化を狙ったものが相当多いものである。

特徴は、売上高は少なく、傾向は、注文があったり、なかったりで不安定である。売上高が増加することは、まずないといってよい。

「収益性が低い」「予算がないから」とか「他の商品をたくさん買っているから、この分はサービスしろ」というお客様の要求や、「コストはかかるけれど、あんまり高値をつけるわけにもいかない」というような、メーカーの考えがあるからだ。

不採算はハッキリしている。それにもかかわらず、切捨てどころか、温存が図られている。そのいい分は、「収益性は悪いのは分っている。しかし、これがあるから昨日の商品や今日の商品の売上げができるのだ。これを捨てたら、それらの商品が売れなくなる」という、きまり文句である。皮肉なことに、主要得意先にこれが多いのだから、なおさら右の弁明に箔がつくことになるのである。

どのような事情があるにせよ、成果をあげる態度は、あくまでも「切捨て」でなければならないのである。

これを切捨てても、他の商品の売上げに響くことはまずないといえる。これは私が多くの会社を見てきている経験からである。

第五には、「経営者の我の申し子」である。これは、今はあまり売上げはないが近い将来に、我社に大きな収益をもたらしてくれる筈の商品でありながら、いつまでたっても、その〝近い将来〟が来ない。つまり売上げが伸びないという商品である。

売上げが伸びないのは、お客様の要求に合わないからなのに、それが分らずに、売れない筈がないと思いこんでいる「ひとりよがりの商品」である。

この典型的な例が、かつて三菱自動車で発売した「三菱五〇〇」である。この車は、三菱自動車が、通産省の「国民大衆車」の構想にもとづいて開発したものである。

商品というものは、お客様の方を向いて造られなければならないのに、「三菱五〇〇」は通産省の方を向いて造られたのである。全く間違った態度で造られた車が、お客様の要求に合う筈がない。売れないのは当り前である。

自らの間違った態度に気がつかず、こんないい車を買わないお客様は「目」がない、というのが当時の三菱自動車の態度であった。

「お客様はバカだ」という、このような態度は、〝殿様商売〟の重要要素なのである。

「お客様が悪いのではない。お前達の考えが間違っている。〝殿様商売〟を捨てて、前垂をかけよ」とハッパをかけたのが、故人となっている、かつての社長、牧田与一郎である。

そして、同氏の指導のもとに、三菱始まって以来、はじめてお客様の方を向いた車が造られた。それが、「コルト・ギャラン」である。ギャランはよく売れた。お客様の方を向いた車だから売れたのだ。恐らくは、三菱ではギャランの成功によって、乗用車生産の自信をつけたものと思う。同時に、お客様の方を向くことが、いかに大切なことであるかの教訓を得たのである。このことは、それ以後の三菱の新型車のデザインにも、キャンペーンにも、ハッキリと読みとれるのである。

三菱の例だけでなく、たくさんの会社で、「我の申し子」を懸命になって売ろうとしている。

R社では、四年前に開発して、懸命な販売活動にもかかわらず、サッパリ売れなかった失敗商品を、社長は、「僕が大変な苦心の末に開発したのだから、売れない筈はないのに、うちの営業は、私の気持など全然考えてくれず、さっぱり販売努力をしてくれない」と私にこぼした。営業は、社長の気持を考えないどころか、社長の気持を考えて、必死になって売ろうとしたがダメだったのであり、現在でも、売れるものなら売りたいのだが、問屋が全然受けつけないのだから売りようがないのである。

私は社長に、「そんなことを考えてもダメですよ。お客様はメーカーの社長が苦心して開発しようがどうしようが、そんなことは全然考えませんよ。お客様は自分の好みに合った商品を買うのですよ」とたしなめなければならなかった。「僕が苦心して開発したのだから売れない筈がない」これを、〝ひとりよがり〟というのだ。

O社では、売れない商品を選びだしては、毎月の「重点販売商品」としていた。S社では、売れない商品を売るための、「特別販売促進チーム」が編成されていた。P社では、売れない商品を、最もよい位置に陳列していた。数えあげればいくらでもある。そして、それらの努力はすべて失敗であった。「経営者の我の申し子」に対する正しい態度は、「捨て去る」ことなのである。

捨て去ることを考えなければならないのは、日用品雑貨などの消費財では、発売後六カ月たっても売れ行きが思わしくない場合。生産財や業務用品ならば、発売後二年たっても売上げが伸びない場合である。これだけの期間売れなければ、「経営者の我の申し子」の疑いをかける資格があるといえよう。

早く捨てないと、大切な資源をこれらの「道楽息子」に喰われて、知らない間に損害を大きくしてゆくことになるのである。

最後に「シンデレラ」である。優れた収益性と将来性をもちながら、それが分らずに、〝まま子〟扱いをうけている商品である。

それにもかかわらず、売上高はかなりいい線にいっている。しかし、誰も面倒をみてやらないために、伸びるべき売上げが伸びずにいる。収益性はよいのだ。

「そんな馬鹿なことがあるか」と思われる読者もおられると思うが、私は自分の経験から、意外な程「シンデレラ」が多いことを知っている。「シンデレラくさい商品」などない会社の方がむしろ少ないといえる程なのである。会社で気がつかないから、「シンデレラ」になっているのだから、我社の商品を調べ直してみる必要がある。

目のつけどころは、「重視していない商品で、販売努力はしないにもかかわらず、根強い需要があり、いつも供給が間に合わない。収益性は意外な程よい」という特性をもった商品である。

「シンデレラ」は、発見しさえすれば、対策は簡単である。良質な資源を投入すればそれでよい。つまり、〝重点育成商品〟とするのだ。

こうすると、意外な程の売上げの伸びと、収益の増大が得られるのである。

Z社の社長からの依頼で、U社をみてくれというのである。Z社の分家であるU社の業績が悪く、いつまでたっても黒字転換しない。いままで多額の資金の援助をしてきたし、今もしている。それはいいが、早く一人前になってもらわないと困る。永久に資金援助を続けるわけにはいかない、という事情である。

U社にお伺いしてバランス・シートを見せてもらうと、身分不相応な長期借入金がある。その大部分がZ社からのものだという。これは大変だ。もしも、U社がつぶれたら、Z社長は「背任」の責に問われるかも知れないのである。

社長は、毎日毎日生産能率の向上と材料歩留りの向上に懸命である。職人社長はこれだから困る。黒字転換の方策をきいてみても、能率とコスト以外に何もないのだ。多種少量生産に、能率向上などほとんど意味がない。赤字の原因は〝商品構成〟と〝価格政策〟が悪いにきまっているのだ。

簡単な〝商品分析〟の結果、赤字の原因がはっきりと浮かびあがってきた。売上高の一位は「今日の商品」、二位と四位は「昨日の商品」で、三位に「シンデレラ」がいた。その上、社長が我社の特色と考えていた商品は何と「不必要な特殊品」だったのである。

売上高と並行して行なわれた収益性分析は、さらにおどろきであった。収益（加工高）の絶対額は、「シンデレラ」がトップで、その上、単位時間当りの収益（チャージ……賃率ともいう）も素晴らしくよいのだ。何と「ドル箱商品」が「シンデレラ」だというのだから私は開いた口がふさがらなかった。

どのような「シンデレラ」ぶりかというと、カタログの最後の頁の一番下に小さくのっている。営業活動は全然しない。それにもかかわらず、注文は次々に来る。仕方がないので、部品はオール外注、工場の隅の方でロートル工員数名が、ボソボソと組立をやっているのだった。

収益の三番目が「今日の商品」、二番目と四番目が「昨日の商品」という順になっていた。工場の設備は「今日の商品」と「昨日の商品」に焦点が合わされ、工場の最大の工数とスペースを喰っているのは、売上高で四位、収益の絶対額で三位、チャージは必要額の半分という「昨日の商品」だからひどい。

その上、まだおまけがつく。「不必要な特殊品」である。これはいろいろな特注品で、次から次へとでてくる得意先の要求を受けて、会社の資源の大きな部分がこれに投入されていたのである。その実態は次のようである。

売上高で全社の三％、加工高で同じく五％しかないのに、設計部門の一二〇％（全員が設計に当ってまだ足らずに、〝設計外注〟をしていた）、資材活動の七〇％、製造活動の二〇％が投入されていたのである。間にも尺にも合ったものではないのに、社長はこの仕事をすることに、我社の特色があると思いこんでいたのである。得意先の様々な要求をほとんど受けて立つから、得意先の受けがよいのは当然である。

それはそれでいいのだが、問題は売価である。予算がないとか、他の商品をたくさん買ってやっているのだから、これだけはサービスせよ、とかという得意先のいい分を真に受けて、安値受注をし、全くの採算割れの仕事を永年にわたってやっていたのである。

こんなことをしていて、黒字など望むべくもないことは、火を見るよりも明らかなのである。

まったく〝商品分析〟の「モデル企業」である。無論、悪い方のモデルだ。

私の勧告は、もうお分りであると思う。念のために次にのべてみよう。

まず第一には「シンデレラ」を最重点商品として、積極的な営業活動の展開と、それに見合う生産体勢の整備である。第二には、「不必要な特殊品」の切捨てである。そして、ここから浮いた設計部門の人的資源を、かねての懸案である「新商品」の設計に廻すことである。第三に「昨日の商品」の値上げ要求である。

この勧告は、なかなか社長に受け入れられなかった。社長の考え方と、あまりにも違いすぎていたからである。

全く問題にしていなかった商品が「ドル箱商品」であり、大増産をせよというのだから面喰らうのは当り前である。その上、我社の特色であり誇りにも思っていた商品が、「不必要」ときめつけられて、捨て去れというのだ。さらに今まで考えてもみなかった「値上げ」要求という〝ムホン〟をせよというのだ。

私は懸命に社長を説いた。能率とコストだけで経営はできない。それだけで経営ができるのなら、あなたの会社は永年の赤字に苦しむようなことはない筈だ。大切なのは、商品の収益性なのだ。我社の商品で、何が収益性がよく、何が悪いかをしらべて、高収益商品に力を入れ、低収益商品を淘汰《とうた》してゆかなければならないのだ、と。

何回も何回も、私は社長を説いた。社長も悩んだに違いない。まるっきり正反対の考え方に、一朝一夕で変れるものではないのだ。

四カ月程たった頃、社長は私のすすめに従って手を打ってみよう、といいだした。

鮮やかとは、お世辞にもいえないような、少しずつの変革が進んだ。「シンデレラ」に少しばかり力を入れ、「不必要な特殊品」を縮小していった。この縮小では、得意先から随分いろいろな苦情をいわれた。「一倉さん、近頃お得意から、お前のところは最近冷たくなったな、というようなことをいわれますよ」と社長は私に語った。

それから八カ月後の決算で、会社は数年ぶりの黒字を記録したのである。「シンデレラ」の収益増大が大きな力となったのである。その上、社長が心配した「不必要な特殊品」をやめることによる、他の商品の受注減は起らなかったばかりか、いままで不必要な特殊品に投入されていた工数――総工数の二〇%にも達していたもの――が、徐々にではあるが、自然に他の商品に転用されて、かえって売上げが増えたのである。

この辺で、この項のまとめに入ろう。もう一度「商品分析のまとめ」を見ていただきたい。(一四二頁)

〝企業の一般的な態度〟と〝成果を高める態度〟をくらべてみると、全く逆の態度であることに気がつかれると思う。

このことは、大部分の企業では、儲けたいという気持で行動している事が、実は儲からないように、さらに儲けを落すように行動していることになることを意味している。これでは儲かる筈がない。儲けたければ、儲かるように行動すべきである。そして、その行動は、意外にも、一般に考えられていることとは全く逆なのである。このことは、よくよく心しなければならないのである。

このことは、一見逆説のように思われるかも知れないが、よく考えてみれば、ご

く当り前の常識にしかすぎないのである。その常識とは、

**収益性が高くて将来性のある商品に力を入れる。**

ということである。

われわれはともすると、この常識を忘れて、非常識に走ってしまう。非常識になる原因は「個々の商品だけを見て、全体を見ることを忘れる」ところにあるのだ。そのために、〝捨て去る〟ことは、そのままその商品の収益減につながることだけを考えてしまうのである。全体を考えたならば、低収益商品を捨てて、これに投入されていた資源を、高収益商品に振りむけることの有利さに気がつかない筈はないのである。

私は、経験をつめばつむ程、全体を考えることの大切さと、そのためにやらなければならない〝捨て去る〟という決定の難しさを痛感させられるのである。

たくさんの会社に対して、私は常に〝捨て去る〟ことを最初に勧告する。その勧告は、業績の上がらない会社程強く、赤字会社の場合には〝強制的〟ですらままあるのだ。それに対する会社の反応は、すぐ気がついて実行する会社も決して少なくないけれど、躊躇《ちゅうちょ》する会社の方がはるかに多いのである。

「昨日の商品」に対しては、うすうす感じていて、私の勧告の意味は分るのだが、なかなか踏み切れない。「不必要な特殊品」については社長はあまり反対しないが、営業責任者が猛反対する。「経営者の我の申し子」に対しては、それが「ひとりよがり」であることを理解させるのに苦労するのである。

**私のコンサルティングのうちで、最も難しく、最も急ぐ事こそ「捨て去る」ことを納得させることなのである。**

私は、社長の決定のうちで、何が最も大切で、何が最も難しいか、という問いに対して、躊躇《ちゅうちょ》することなく「捨て去る」ことであると答えるのである。

論より証拠、優秀会社は例外なく「捨てる名人」であり、破綻した会社は例外なく「切捨音痴」である。

昭和四〇年前後の家電業界不況に対して、松下電器では、内にはコンピューター部門を切り、外には流通段階を一つ切って、見事にピンチを脱している。東レと帝人は、業界のトップを切って人絹スフを捨ててしまった。まだ収益性はあるが、将来性がないという理由である。躍進につぐ躍進を続けている久保田鉄工の社長、広慶太郎は、まさに「切捨魔」であった。

「切捨音痴」の好例は、日東化学の悲劇に見ることができる。同社の悲劇は、斜陽化してゆく硫安（硫酸アンモニウム）を捨てることができなかった社長、秋葉武定が全責任を負わなければならないのだ。戦後の「三白景気」の旨味が忘れられず、「夢よもう一度」とばかり、見果てぬ夢を追っていた〝棚ぼた式〟の虫のよさがアダになってしまったのである。後に彼は、「お前の経営は悪い悪いとたくさんの人にいわれたが、どうすればよいかを教えてくれる人は誰もいなかった」といっている。何とも不見識な話だが、社長として考えなければならないことを示唆している。

それは、

社長を批判する人はいても、忠告する人はいない（もしも、あなたにヅケヅケと忠告する人がいたら、まれに見る幸運と思わなければならないのである）ということである。

それだけに、つい独善に陥りがちになることを心して、自ら積極的に外部の人の意見をきくように努めることが大切である。とはいえ、それらの意見をどう判断し、どうするかを決めるのは、やはり社長自身であり、〝決定〟それ自体は、全くの孤独のうちに行なわれるのである。

次に、モンテ・カチーニ社の崩壊を見よう。世界的マンモス企業であった同社は、かつてはポリプロピレンの開発によって、日本の化学会社二十数社が技術導入を競い、一時は「モンテ参り」なる言葉まではやったことがある。

モンテ・カチーニは、その発祥はイタリアの小さな鉱山会社である。その成長は、次々と会社を吸収合併することによって行なわれた。吸収された会社は、モンテ社の一つ一つの事業部門になったが、それらの中には〝赤字〟部門がたくさんあった。そして、それらの赤字部門がモンテ社の業績の足を大きく引張ったのである。

それにもかかわらず、破綻に直面し、ついには、モンテ社より遥かに小さなエジソン社に吸収合併され、その名もモンテ・エジソン社とされてしまうまで、ただ一つの赤字の事業部門さえ切捨てることができなかった。社長のドデガーニが、自らの手でモンテ社を崩壊させたのである。

もう一つ、非常に対照的な例を紹介しよう。ソニーが、七石の二バンドのポータブル・ラジオを捨て去ったのは、たしか昭和三十八年頃であった。この時、当時の社長井深大は、「七石二バンドはすでに日本では〝昨日の商品〟である。香港に任せるべきである」といって、さっさとFM付にかえてしまったのである。

これと時を同じうして、ソニーの捨て去った七石二バンドのポータブル・ラジオを、我社の新製品（この会社は商品とはいわない）なりと、大々的に売り出した大企業がある。そのブランド・ネームを「ヤング・セブン」という。

当時、ある経営雑誌がこれを取りあげて、新製品開発の成功例として特別記事としたことがある。私はあきれかえってしまった。その内容は、〝開発のプロセス〟が優れていた、というのである。いかに開発のプロセスが優れていようと、素晴らしいチーム・ワークを誇ろうと、斜陽商品を開発して、何が成功なものか。会社の成功というものは、社内で成功することではなくて、社外で成功することなのである。つまり、お客様の要求を満たすことによって、会社の収益に貢献する事業、商品を創造することなのである。

「昨日の商品」を情容赦なく切捨ててゆくソニーの井深大の考え方と、「昨日の商品」を、我社の新商品なりとして発売する東芝の岩下文雄の経営感覚の違いが、ソニーの高収益と、東芝の悲劇との違いになってきたのである。

岩下文雄は、経営者として最も基本的で、最も大切な、〝捨て去る〟という経営感覚がなかったのである。会社の中に、たくさんの「昨日の商品」や、「限界商品」をかかえながら、これを温存して、どうして新しいお客様の要求に応ずる商品や事業を開発できようか。切捨てをやらず、新製品と称する斜陽製品を開発するの愚をおかしているのだから、たいした苦労はない。だから、社長室の隣りに風呂場をつくり、風呂につかるという時間のゆとりがあったのである。

お客様の要求の少なくなってゆく商品を、思いきって切捨て、それにかわる新商品を、次から次へと開発していったなら、風呂などにつかっている時間などある筈がないのだ。

ところが、売上げが落ちてゆくとはいえ、まだ売れる商品を切捨てるということは、お客様の要求を無視することにならないか、ということである。心配無用である。何故かというと、「昨日の商品」についていえば、斜陽化する理由は、お客様の要求がなくなってゆくか、過当競争かの二つである。お客様の要求のなくなってゆくものは、捨ててもお客様の迷惑にはならないし、過当競争ならば、他社が代って供給してくれるからである。「不必要な特殊品」は、多くの場合売込みのための方便としてひねったもので、他に代替品があるのだし、「経営者の我の申し子」に至っては、初めからお客様の要求などないのである。

しかし、何といっても最大の理由は、前向きにお客様の要求を満たしてゆくという姿勢である。

あとからあとからと生れてくる、お客様の新しい要求を満たしてゆくためには、お客様の要求の少なくなってゆく商品を切捨てて、これによって浮いた資源を、新しいお客様の要求に投入してゆくよりほかに道がないということなのである。

そして、それは同時に、我社の収益向上と発展に寄与するのである。

**変転する顧客の要求に応ずるためには、〝切捨て〟こそ最も大切なものであり、これができるかできないかが、我社の将来の運命を左右する重大事である**ことを、よくよく肝に銘じておくべきである。

とはいえ、これは大変な難事である。場合によっては得意先を失うかも知れない危険があり、商品に対する愛着もある。

しかし、何といってもその最大の理由は、「売上高減少のおそれ」である。これは、もっともなことではあるが、実際にはその逆で、このような売上げの伸びない商品をかかえこんでいたら、いつまでたっても売上高増大は望めないのである。売上げの伸びない商品を切り、売上げの伸びる商品を加えるという、スクラップ・アンド・ビルドができなくなるからである。

名社長は、右のことをよく知っており、ボンクラ社長は知らないのである。

## 我社の得意先はどうか

優れた業績をあげている会社をよく見ると、必ずといっていい程、優れた得意先をもっているのに気がつく。当り前である。悪い得意先から、優れた成果などあげられるわけがないのだ。ここにも、成果は外部にあるという原則がある。

それにもかかわらず、この平凡な原則が、なかなか守られていないのはなぜだろうか。

現実の問題として、気がついていても、得意先を簡単に切れるものではないし、望ましい得意先をやすやすと獲得できるものではない。

とはいえ、そのような「ひいき目」で見ても、なおおかしいと思われる会社が多すぎるのである。

L社の売上げの七〇%を占める得意先——L社はもう実質的にはこの得意先のオンリーさんである——は限界生産者で、その上赤字会社である。社長はそれを知りながら、何も手を打とうとしなかった。いったいどういう神経なのかと思う。

N社の得意先は全部限界生産者であったが、社長の念頭にあるのは、優良得意先との入替えではなくて、コストだけだった。やがて、その内の一社が倒産し、N社は大打撃をうけた。

P社では、売上げの一〇%を占める主要得意先の決済条件は、納入後三カ月目に検収、七カ月の手形である。これでは〝お産手形〟ではないか。こんなのは〝危ない会社〟にきまっている。P社長に、その会社の業績を調べてあるのかときくと、調べてないという。十カ月に相当する分の金利は、価格に織りこんであるからいいというのだ。何としても呑気すぎる。金利の問題ではない。もしもパンクしたら、P社の一カ月分の売上額だけ、丸々穴があく。すぐ調べるように進言した。次の訪問のときにきいてみたら、営業報告書を手に入れて調べたら利益率は低いけれど黒字だから大丈夫だという。何期分調べたのかきいてみると一期（六カ月）分だけだという。

一期分だけでは分らない。もしも季節変動が相当あって、その期が繁忙期に当っているかも知れないからだ。そこで、社長を引っぱって証券取引所へ行き、有価証券報告書を六期（三年）分調べてみた。私の心配は当っていた。

六期間のうち、一期おきに三期間の営業利益が赤字だったのである。むろん季節変動のためである。その営業利益の赤は、土地を売った売却益を、営業外収益に計上して穴うめし、経常利益を黒にしていたのである。

こんな会社とつき合っていたら、いつ不渡りを喰うか分ったものではない。直ちに三十六計をとることを進言した。それによる売上げの減少は、他社からの受注増で可能なことが分ったからである。

その作戦は、大幅な値上げ要求であった。それを呑んでくれない時には、それを口実にして仕事を返上しようというのだ。

ところが、その大幅な値上げ要求がほとんど通ってしまったのである。ボロ会社とはこんなものである。不安を感ずる納入業者が、危険を価格に上のせしても、P社の要求のように、その裏にある意図が分っていても、それらの要求をはねつけることさえできない。そして、これが業績不振に拍車をかけることになるのだ。

それはそれとして、P社の三十六計作戦は失敗してしまった。こうなったからには、もう仕方がないから、人手不足を口実にして、返上の意思を明らかにするより他にはない、ということになった。

しかし、これは言いにくいことだ、と社長が渋っているうちに、その会社は破綻してしまったのである。

以上の例とは反対に、得意先の業績に絶えず注意を払い、危険を回避した会社がある。それは、Y自転車の倒産を見事に逃げきった、Tスプリングである。

T社長が主要得意先であるY自転車の不審な兆候に気がついた時に、同社のY自転車への売上依存度は二〇%であった。手形のサイトは五カ月であったから、もしもY自転車が不渡りを出したら、手形だけで同社の売上げの一カ月分、それに売掛金と仕掛品を加えた穴があく。

こうなったら一大事である。T社長は、八方手をつくしてY自転車の状況を調べた。調べれば調べる程危険を感じた。このままではY自転車の倒産によって大損害をうける危険がますます大きくなってゆく。といってY自転車を切れば、売上げが二〇％落ちて、赤字転落である。右にするか左にするかの分れ道に立った。

ついに、T社長はY自転車を切るという決断を下した。

社長は全員を集めて、Y自転車を切ることを知らせると同時に、これによる売上減少を補う仕事を社長自ら先頭に立って探すことを宣言した。そして、この危機を乗り切るための一層の生産性の向上とコスト低減の努力を社員に要請したのである。

この社長の決意と要請に応えて、全社員が立ち上がった。社長を中心とした全社一丸の努力は、たちまち効果をあらわし、業績低下は喰いとめられ、さらに発展への軌道に乗ったのである。

そして、Y自転車の最後の手形が落ちて十日後に、Y自転車は倒産したのである。まさに危機一髪であった。

私はさきにT社長に面識がある。一度会社にお伺いしてお話をきき、感銘をうけたことがある。ある時、T社長に遇《あ》ってこのことを話題にしたら、「一倉さん、皆さんにおほめの言葉をいただきますが、とても〝果断〟なんてもんじゃありません。

３．我社の現状分析から収益向上の道をみつけだす

幾晩も幾晩も眠れず、悩みに悩み、迷いに迷ったその末の決定なのですよ」と謙そんされていた。私の尊敬する経営者の一人である。

社長は、会社の収益源であると同時に損失源でもある得意先に対して、常に注意を払っていなければならない。そして、まず損失回避が優先すると考えれば間違いない。

どのような点を注意したらいいかというと、その主なものは次のようなものであろう。

1、どのような業界の

2、占有率またはランクはいくらで

3、その収益性と将来性はどうか

ということが基本となる。その上に、社長の人物と物の考え方、経営方針、危険な兆候……などなど、きりがない。

その調査は、まず対象を、我社の売上高の八〇%を占める得意先について行なうのである。株式上場会社ならば「有価証券報告書」を、非上場ならば興信所を使って、毎期の決算書を手に入れ、業績の検討を怠ってはならないのである。

業績検討で気をつけなければならないのは、「絶対値だけを見てはいけない」ということである。むろん絶対値は大切であるが、それよりも大切なのは「傾向」である。

絶対値がよくても、それが「下り傾向」ならば要注意であるし、「上り傾向」ならば、何も心配はいらないのである。

傾向を見るためには、少なくとも三年間の数字が必要である。たとえ、相当な粉飾があろうと、ズサンな調査であろうと、傾向まで粉飾ができるものではないし、ズサンな調査でも、傾向をつかむことはできるのである。

一期が六カ月の場合には、季節的変動を消すために、二期分、つまり一年を単位として分析をするのが正しいことも忘れてはならないのである。

財務の数字は、会社の基本的な情報として貴重なものである。しかし、これだけで事足れりとしてはいけない。

新聞（一般・経済・業界紙など）、経済誌、経営誌、雑誌（週刊誌も含む）、カタログ、チラシから社内報にいたるまで、あらゆる刊行物も貴重な情報源であることを忘れてはいけない。

それらの情報は、得意先毎のファイルをつくってこれに整理するのだ。といっても、あまり難しく考える必要はない。情報が入った順にスクラップ式に貼りつけるくらいでよいのである。これには、セールスマンの訪問による情報なども入れるとよいだろう。

しかし、何といっても最も大切なのは、社長自ら定期的に得意先を訪問して、トップ同士で話合うことである。

この話合いは、自然に次元の高いものになるものである。客観情勢の分析や見通し、業界の将来性や動静、経営方針やお互いの要望事項などである。

このような情報こそ貴重である。それだけではない。定期的な話合いは人間的なつながりを深めることになるのだ。人間的なつながりがあるということは、何か事ある時には、思いもかけないような効果を発揮するものなのである。

以上にのべたようないろいろな情報を総合して、個々の得意先に対する我社の方針をきめ、確認し、修正してゆかなければならないのである。

F社は、得意先のランクを、得意先の業績と将来性、我社の依存度、支払条件などによって、ＡＢＣの三つに分け、それぞれのランクに従って、個々の仕事の単価の下限をきめておく。もしも、これより下廻るものがあると、値上げ要求か返上をするかが検討され、その結論は直ちに実行に移される。

Ｕ社は、得意先に対する売掛金の限度を、無制限と制限付に分けている。制限付の会社には、個々の制限額が、毎月の厳重なチェックによって守られている。当然のこととして不良債権などほとんどない。たとえ発生しても、それは最小限に押さえられるのだ。

儲けることは大切である。しかし、損失を防ぐことは、もっと大切なものである、という認識こそ必要なことなのである。

## 〝九五パーセントの原理〟に従え

〝九五パーセントの原理〟とは、

これは、〝一倉式表現法〟である。一般には〝売上高ＡＢＣ分析〟といわれているものである。

〝ABC分析〟というのは、〝パレート分析〟の別名であることは、誰でも知っている。

パレート分析というのは、〝パレートの法則〟といって、イタリアの社会学者パレートが、イタリア人の個人所得を研究している時に発見した。〝偏りの法則〟であって、社会現象特有のものである。自然現象は、〝正規分布〟しかしない。それにもかかわらず、社会現象である事業経営において、この〝偏り〟に気がつかず、自然現象的な思考をしている経営者は決して少なくない。正規分布的な考え方をすることによる事業経営上のマイナスは無視できない程大きいことを認識してもらいたいのである。

パレートの発見した偏りの法則というのは、「国民所得の大部分はごく少数の人びとによって占められ、大部分の国民でごく僅かな所得しか得られない」というものであり、これを企業に当てはめると、

「売上げの大部分はごく少数の得意先または商品によって得られ、大部分の得意先または商品からは、ごく僅かな売上げしか得られない」となるのである。

この偏りの法則に従って、売上げの増大や効率化を図るわけである。

〈**第6表**〉が、その分析表の様式の一例である。

ところが、このＡＢＣ分析を有効に活用している会社は極めて少ない。その理由は、表の戦略的な〝読み方〟が分らないためである。せいぜい管理的なものである。

戦略的に使うためには、そのような表の作り方をしなければならない。

期間は普通決算期に合わせた一年間だが、三カ月でも一カ月でも、目的に応じて作ればよい。

作り方のポイントとして、

(1) 表に載せる得意先または商品は、「必ず全部でなければならない」ということである。売掛帳に載っている会社は、たとえ売上げ「ゼロ」であっても、である。商品は、アイテム別に全品目である。同一商品で一〇〇グラムと二〇〇グラムがあれば、それぞれを一アイテムと数えるということである。

(2) 構成比は、個別は一％くらいまで、累計は、すべてでなくてよい。「ベスト一〇」「上位より累計五〇％」「同じく八〇％」「同じく九八％」「同じく九九％」くらいでよい。

ほとんどの会社では、金額の少ない下位はまとめて「他何社」としてしまっているが、これは管理的ならばよいが、戦略的にはダメである。使いものにならないからだ。事態を判断する場合、スクラップ・アンド・ビルドの時にこの部分は改めて調べ直さなければならないし、有望な会社があるかも知れないからである。

コンピューターを使っているところは、申し合わせたように売上高だけでなく、粗利益額、粗利率、対前年比または前月比とその増減など、様々な数字が載っているが、それらの数字は邪魔物なのである。情報というものは、種類が多い程理解がしにくくなるものなのだ。狙った情報だけに絞るのが正しい。

また、その表にメモや方針、施策などを書き込む時に必要な余白を残しておくものである。この表に限らず、様々な表についても、書き込みをしてあるのを、私は殆んど見たことがない。本当の意味での検討などしていないのだ。また、表というものは検討をする場合に、少額の数字は邪魔になるだけであるから、少なくとも千円単位又は百万円単位とする。それ以下の数字は不必要なのである。

〈第６表〉

## ＡＢＣ分析表〔最近１年間〕

（　　　年　　月～　　　年　　月）

（単位千円）

| 比率 | | 備考 |
|---|---|---|
| 個別 | 累計 | |
| ④ | ⑤ | ⑥ |
| | | |
| | | |
| | | |
| | | |
| | | |
| | | |
| | | |
| | | |
| | | |
| 100% | 100% | |

3．我社の現状分析から収益向上の道をみつけだす

商品別　得意先別　売上高

| 順　　位 | 商品名又は社名 | 売　上　高 |
|---|---|---|
| ① | ② | ③ |
| 1 | | |
| 2 | | |
| 3 | | |
| 4 | | |
| 5 | | |
| 6 | | |
| 7 | | |
| | | |
| | | |
| | 計 | |

(記入要領)

①順位は売上高の大きな順にして下さい。

②商品別、得意先別、何れの場合にも、少額でも、その他と一括せずに、必ず個々に全商品、全得意先を記入して下さい。

③売上高は千円単位として下さい。

④個別とは総売上を100%とした場合の、個々の商品又は得意先の売上金額の比率です。

⑤累計とは、売上高の順位の上位からの累計売上高の比率です。この場合に全部についての累計は必要ありません。
記入するのは
㋑ ベストテン　㋺　80%　㋩　95%　㊁　98%
㋭　99% のところで、その他は空欄。

# ＡＢＣ分析表の検討

分析表の検討は偏りを読み、この影響がどこにどのような現象を起しているかを知り、手を打つことである。ごく一般的で基礎的な事柄をあげれば、

1　一社又は一商品で、総売上げに対する比率が高すぎれば危険である。如何なる商品であろうと会社であろうと、何としてもその比率を下げるべきである。これは、他の得意先または商品の売上げを伸ばすか、新商品又は新事業を加えるかである。ナンバーワンであっても総売上げに対する比率は三〇％以下が安全である。

2　下位五％の部分は、得意先数の約五〇％、商品アイテム数の五〇％が平均的である。これらは、その殆んどが限界的である。

商品又は得意先の半数で売上高の九五％を占めていて、あとは成長の見込も収益性向上の見込のない商品又は得意先だとは、何と非効率なことではないか。たった五％の収益の部分に、営業活動の二〇～三〇％をかけているのが一般的

である。

だから、この部分を切捨て、ここにかけていた努力を、もっと効率のよい活動に投入することである。

右の点の認識を、私が過去においてお手伝いした会社の大半が持っていなかったのである。

この点の認識を持ってもらうために、私は〝ABC分析〟という考え方を〝九五％の原理〟という表現をとって強調しているわけである。

3　下位五％の中にも、まだ取引が浅くて将来に希望が持てる、まだ小さいが、魅力的な会社で成長力がある、というような会社が混じっている場合もある。こういう会社は切捨てずに将来に期待することも大切である。こういうことは、以下何社では検討できない。また、切捨てはリストを作成して徹底を計ることが大切だが、この場合にも社名をすべて載せているABC分析表が役立つのである。商品についても同様。だから、すべてリストアップしなければならないのである。

4　上位の会社又は商品ほど、生産が間に合わなかったり、在庫が切れたりしてお客様にご迷惑をかけたり、売り損ないを起したりするものである。上位品の思いきった在庫増大を行なうと、売上げはたちまち上昇するケースに私はシバシバ出会っているのである。

5　商品別売上高ＡＢＣ分析表は、得意先が問屋または小売店の場合には、売筋情報として提供すると、意外な程喜ばれるものである。

6　メーカーの社長は、我社の商品の売上高ＡＢＣ分析表を持って、小売店舗を廻って見ると、売筋商品程フェース品切れが多く、売上不振又は死筋商品程フェースに並んでいることを発見する筈である。リピート・オーダー（補充発注）がいかにうまくいっていないかが骨身にしみる程よく分る。この状態の解決が売上増大に通ずることはいうまでもないのである。

以上のようなことは、大方の社長の〝意外な新発見〟であることを、私はイヤという程見せつけられているのである。

以下、実例を紹介しよう。

## Ｋ社

K社は雑貨問屋である。全国的に販路をもっているので、得意先の数は四千社にも及んでいる。

その得意先について、売上高の分析をしてみたところ、次のようなことが分った。

上位二千社で総売上高の九五％をあげ、残りの二千社で五％である。

社長はこの数字を見て、びっくりしてしまった。「うちは、売上高のたった五％の部分に、セールスマンの半数を投入しているということですか」という。質問とも自問ともつかない発言である。さすがに社長である。この数字を見ただけで、事態を的確に把えて対策を考えていることが分る。「まあ、そんなものですね」というのが私の答である。

むろん、算術的にそうなっているわけではないけれども、セールスマンの営業努力は、上位二千社と下位二千社では、あまり大きな差はない。せいぜい六対四か七対三である。セールスマンは決して売上高に対応する活動をしない。得意先の数に対応する活動をするものなのである。

このことは、大きな売上げに対しては、相対的に少しの企業資源しか投入されず、小さな売上げに対しては相対的に大きな資源が投入されていることを意味している。

この偏りの現象を「パレート分布」ということは、前に説明したとおりである。

この偏りの現象をどう解釈し、どういう手を打ったらいいかというK社長の質問に、私は次のように答えた。

「今、かりに五％の売上げしかあげていない二千社を切捨てたとすると、売上高は五％減る。同時に、この部分に投入されていたセールスマンの時間が、そっくり余ってくる。この余力を、いままで人手が足りなかったために十分な販売活動ができなかった上位五〇〇〜六〇〇社（これは社長が耳にタコができるぐらいに、営業部門からきかされていたことであった）に投入するか、新規事業の営業活動に振向けたら、そこから大きな売上増大が期待できる。これは、五％の売上減少をうめて、なお数倍が増加することは間違いない」ということである。

社長はしばらく考えていたが、「分った。下位二千社に対しては、何も四ない（四つのない）ことだ」という。なかなかシャレッ気のある社長である。その「四ない」とは、

1　訪問しない
2　値引しない
3　配送しない
4　掛売しない

というのである。成程うまいことを考えたものである。これを〝知恵〟という。これで去ってゆくお客様は、あえて留めない、というのである。

この方針を実施した結果は、失ったお客様はごく僅かであり、大きく余った営業員を新規事業に振向けて、総売上高の一〇％にも相当する新規売上げを実現したのである。このために、従来の事業の売上増にこれが上のせされ、会社全体で売上高の伸び率が一気に倍増したのである。

S社は自動車部品とカー・アクセサリーの卸問屋である。九五％の原理による分析を行なったところ、得意先が一千五百社で、そのうちの五百社で売上高の九五％を占めていた。S社長は、「まったくいやになりますよ、うちは。もし下位千社を切捨てたら、セールスマンが半分で間に合うし、当然利益は大幅増なのだが」とぼやいていた。

Ｌ社での分析の結果は、御多分にもれないものであり、少額受注の規制と値上げを行なって交通整理をした。この時、Ｌ社長は私に次のように語った。「九五％の原理による分析を行なって、面白いことに気がついた。それは、小さな得意先を相手にしているセールスマンはサッパリ伸びず、大きな得意先を相手しているセールスマンは伸びているということだ。小さな得意先を相手にしているセールスマンは、それだけの能力しかないのか、大きな得意先を相手にしていると、相手に刺激をうけて伸びるのか、理由は分らない。しかし理由など分らなくてもよい。大きな得意先を相手にするように、セールスマンを指導すればよいということが分ったのですから」と。私は成程と思ったのである。

砂糖問屋のＫ社では、下位五％の部分の得意先は、その一つ一つをとってみても、過去五年間に売上高は全くの横ばいであることを発見した。「こういう得意先を相手にしていては、いつまでたっても我社自体の売上げを伸ばすことはできない」という専務の見解であった。

Ｅ社は雑貨メーカーである。配送用トラックの延台数四％の部分で、売上高の四一％をこなし、残りの九六％の部分を、売上高の五九％に投入していることが分った。そこで、小口得意先は配送日をきめて計画配送を行なうことにして、車輌台数の削減に成功した。

建築資材問屋のＦ社では、得意先五百五十社のうち、下位五％の三百社を、私の強引な勧告でその大部分を切捨てた。

結果は上々であった。営業活動が効率的に行なえるようになって、売上げが大きく伸びた。それだけではなかった。石油ショックによって、建築業界には倒産が多かったが、Ｆ社では全く被害を受けなかった。社長は「切捨てて本当によかった。切捨てた中に、数社倒産したところがありますよ」と私に語ってくれた。

九五％の原理は、商品構成についても適用できる。

Ｓ社は雑貨メーカーである。商品点数は六百余りで、そのうち二百点で売上高の九五％をあげ、残りの四百点余りで、たったの五％の売上高である。それにもかかわらず、倉庫の大半は、この下位四百点によって占領されていた。次々と開発される新商品は、「我社の新商品は必ず売れる」という信念のもとに、初めから大量生産される。（大量でないとコストが高くなる、という理由も含まれている）そして現実には売れない新商品の方が多い。いきおい、売れない商品が倉庫にストックされるということになる。何のことはない、新商品開発の失敗例の物的証拠だったのである。売れないものに倉庫を占領されているために、売れる商品を入れるスペースが足りず、倉庫の外に積んでいる。雨でも降ると大騒ぎである。そこで倉庫が狭いから、新しく建てる、というのだった。私は、その四百点を思いきって切捨てることを主張した。これをきいた社長は顔色をかえた。「冗談じゃない。六百点のうち四百点も切捨てるなんて、ムチャも甚だしい。そんな事をしたらうちはつぶれてしまう」という。傍の専務が、点数では四百だが、売上高ではたった五％であることを懸命に説明したが、なかなか分ってもらえない。商品の三分の二を切れとは何事か、というのである。そして、納得するまでに数カ月もかかってしまった。数字の意味を読めない社長ほど始末に負えないものはない。

## S社

装飾品の問屋である。いくつものジャンルを持っているのだが、そのうちの主力ジャンルに属する商品の売上高ＡＢＣ分析を行なったところ、これを見た社長はビックリ仰天してしまった。総数二二〇〇アイテムのうち、一一〇〇アイテムで、何と売上高の九九％だったからである。残りの一一〇〇アイテムで売上高のたった一％なのだ。これらは実質的にはデッド・ストックなのである。

社長は下位一％の商品すべてを廃番とし、在庫を完全に処分した。今まで手狭で困っていた倉庫には、かなりのゆとりが生れた。

それに力を得た社長は、残りの数ジャンルに対してもそれを行なった。商品アイテムは半数弱に減少し、倉庫も半分空いてしまった。倉庫をふさいでいたのは、何とデッド・ストックだったのである。

次に打った手は、売筋商品と死筋商品の情報を主要得意先に提供したのである。

それは、S社の全商品の売上高ABC分析表と、得意先毎の社の納品の全アイテムのABC分析表だった。

そして、右の二つのABC分析表を並べて説明した。

「お宅様では、我社の売上高のベスト一〇のうち、これとこれはお買上げ願っておりません。ベスト二〇では、これとこれがお買上げいただいておりません。これを定番に繰入れたら如何でしょうか。また、現在お買上げ願っているもので、これとこれはごく少額です。これらを廃番にされたら、定番のワクが空きます。廃番にされた品は、全品をご納入価格で引取らせていただきます。パッケージが破れていようと、汚れていようと、すべて納入価格で引取らせていただきます。期限は無期限です。二年前のものだろうと三年前だろうとすべて結構です」といった調子だった。

この場合に「返品は納入後一年以内」とか、「汚れや破損したものはお引取りできません」というのは阿呆のやることで、条件付きは、相手を白けさせるだけで、百害あって一利ないことを知るべきである。すべて完全無条件だからこそ、こちらの誠意が通るのである。

S社の提案はすべて通り、その月から売上げは急増し、値引きや値下げの要求も軽くなった。一年後の売上げは、伸びない得意先で三〇％増、伸びた得意先では五〇％増になったのである。

返品は三年間に及び、総額数億円だったが、これは売上増大でカバーでき、返品は売れる価格で処分し、その売上金は資金繰りを助け、金利負担減となったのである。

これを契機としてお客様のS社への信頼は絶大となり、増大し続ける売上げは、

S社の業績を急進させた。

ABC分析表の活用が素晴らしい好結果を会社にもたらしたのである。

**M社**

M社は装飾建材のメーカーである。商品の性格上アイテム数は多く、九〇〇〇アイテムもあった。多アイテムは、ロスの発生や経費高を招くが、お客様の要求を何でも満たせるということで、そのために占有率は断トツだった。

商品アイテム別の売上高の三〇〇アイテムで売上高の五〇％以上だった。

社長は、この表を見て「アレッ、品切れの大部分は、この三〇〇アイテムが起している。ピーク時の冬場に、この品切れがなくなったら、もっと売上げが上がるのに……」と気がついた。私は社長に、この三〇〇アイテムを閑散期に〝作りだめ〟しておくことをお勧めした。今までは在庫増は資金繰をいためるというので、知ってはいたが控えていたという。金利を計算してみたのかを聞いて見ると、やっていないという。

そこで増分計算（本シリーズの『増収増益戦略』篇で述べる）をしてみた。必要資金と金利は、社長が考えていたよりはるかに少額だった。年利六％とすれば、借入金一億円で金利は一カ月たった五〇万円である。一カ月百万円の売上げが増せば、金利を払ってなお余るのである。

社長は〝作りだめ〟に踏みきった。冬期のピーク時に大助かりであった。

これを毎年計画的に実施することになったのは、いうまでもない。

## U社

U社は、子供用雑貨の問屋である。

二〇を超すジャンルがあるのだが、そのジャンル別にアイテムのABC分析を行なっていただいた。

それぞれのジャンルのベスト・テンについて在庫と照合したところ、殆んどのジャンルで、その半数以上は在庫切れなのである。事情をきいてみると、「どのメーカーにも在庫がない」のだという。しかも、近日中に入荷する見込のあるものはごく少なく、どのメーカーも大部分は二～三カ月はかかるという返答だという。

これでは、経営戦略も市場戦略も、販売促進もあったものではない。

どうして、こんなバカなことが起るかというと、メーカーのコスト（実は原単位価格）第一主義にある。つまり、コストのほうが事業経営に優先するのだ。そのために大きな機会損失（販売機会と、占有率上昇機会）を起していることなど知らん顔をしているのだ。「過当競争だ」と口ではいっても、そんなものは全くない。それどころか、販売のイロハさえも知らないのである。一流メーカーがこぞってこうなのである。

U社のこの状況を、情報としてメーカーに提供しても、誰もこのデーターを検討しようとはしなかった。こんな状態だから、メーカーの社長もご存知ないに違いない。下からの報告など、ないのではないか、と疑いたくなるのである。

そして、頼るのはコンピューターのデーターであろう。そのコンピューターのデーターは、事業経営を全く知らぬプログラマーが作ったものだから、全然使いものにはならないのだ。

一カ月の売上げをコンピューターで集計しても、それは六日のアヤメどころか十日のアヤメよりもっと価値がない。

水物に近い商品だから、アイテムによって売行きに大きな差ができる。それを、一瞬も早くとはいわないが、一日も早くつかんで追加発注をするかしないかの決定をしなければならない。そして、売行きのトレンド（傾向）を見て決定することは十分に可能なのである。

すべり出しのよいものは必ずよく売れるという傾向があるからだ。これは、ごく初歩的な統計さえも必要がないくらいである。

アイテム毎に、毎日の売上数を累計して、それらのものを総て一つのグラフに書きこんで見れば、少し慣れた人ならばすぐに分る程の、やさしいことなのである。そしてその売上予測は可成り高い信頼度があるのだ。

こういうことが分っていれば、ロット分割による分納指示ができる。これは、メーカーによく説明して、僅かばかりの手間をかければ可能なのだから（これを指導する必要がある）。これをすることによって、トータルの売上げが大きくなることを理解させ努力させることこそ、絶対的な重要度があるのだ。

では、そのアイテム毎の売上状況をどうしてつかむか、ということになるのだが、実例で説明しよう。

アメリカの新聞は宅配ではなく、駅頭や街頭売りである。

新聞の売上げは、その日の記事によって大きく違う。だから、その日の売上げをなるべく早く正確に予測する必要がある。

それには、抜取り式のサンプリングを行なうのである。サンプリングの売場では、決められた時刻に売上数を報告する。それをコンピューターで計算して、何時何分何秒に輪転機を止るかの指令を出すのである。すべり出しの数と売上高には、相関関係があるからだ。日本では、総選挙の得票予測を行なっているのは誰でも知っているが、これが、その実例であり実証でもあるのだ。

日本でも、レコード華やかなりし頃には、流行歌の売上げは、きめられた販売店からデーターをとって、プレス枚数を決めていた。

以上のことをふまえた上で、売行き情報をどうとらえたらいいのだろうか。

それは極めて簡単である。メーカー（問屋とて同様）はモデル店を決めておき、新商品について毎日の売上げを、メーカーの調査担当者が毎日調べるのである。それを毎日電話で本社に報告し、これをグラフに記入するのである。先んずれば人を制す。このくらいのことはやるべきである。そのための費用の数百倍の収益増も夢ではない。

便法としては、一週間の売行き数を、それも二週間分とって、週間売上グラフにプロットして（しなくも分ればあえてプロットする必要はない）もよい。これは簡便だけれど、二週間後ということになって、時間的な遅れがある。とはいえ、これで十分な場合もある。

こういうことは、コンピューターでは全く不可能とはいわないが、手作業のほうがはるかに簡単で早いのである。

## 在庫を増加して売上急増

T社は、冠婚葬祭用品の問屋である。

キチンとした優良会社で、売上資料は整っていた。

品種別売上年計グラフを見ると、売上げ上位品種ほど好成績である。こういうものにこそ、更に売上増大の可能性を秘めていることを、私は永年の経験で知っている。その一つが在庫政策である。売上げ上位品種品切れ現象が多いのが最も多く見られるケースである。

私は、売上げの上位二品種について、売上高ＡＢＣ分析表のナンバーワンからナンバースリーまでの在庫を、試みに三倍増加させてみたらどうか、という提案をした。

そのために、それらのアイテムの在庫が増加したところで、在庫を正常化したければ一～二カ月それらのものの仕入れを控えれば、在庫はタチマチ正常化してしまうのだから、心配は無用である。

かりに、在庫を一億円増加させたところで、金利は年八％として一年で八〇〇万円、一カ月当り六七万円にしか過ぎないのだ。

T社長の理解力と実行力は素晴らしい。直ちにテストに入った。

まず、ビックリしたのは、メーカーである。いきなり従来の三倍の注文だからだ。戸惑ったり、不安がったりの、小さなパニック状態を起したという。これらはT社長の説明で納得した。

ところが、不思議なことが起った。三倍仕入れた商品の在庫が増えないのである。仕入れを増加した分は売れてしまうのである。しかもこれが毎月続いた。それらの上位品は、いままで品切れ現象はなかったのに、である。

だから不思議だというのである。この不思議の原因は、〝心理学〟でなければ説明できないのだ。私が常に事業経営は心理学が分らなければダメだ、と主張しているのは、こういうことである。

T社の場合は、一口にいえば〝在庫恐怖症〟である。

T社の場合を考えてみると、売筋商品はたくさん仕入れているつもりでも、在庫恐怖症のために、どうしても不十分な数しか仕入れなかったのである。

仕入不足に気がつかなかったのは、在庫が一〇〇しかないところに、三〇ほしいというお客様があると、あと七〇しか残らないのでは他の多くのお客様からも注文が多い商品だけに、これらのお客様に売る分がなくなってしまう。そこで、「在庫がないので一〇しかお売りできません」というように販売制限をしていたからである。これが〝心理学〟である。これは調べた結果実証された。

それを、十分に仕入れたので販売制限の必要がなくなったために売上急増をもたらしたのである。つまり、〝潜在品切れ〟が解消されたのである。

在庫恐怖症になる原因は、いつの間にか不良在庫が多くなって金利負担が大きくなるだけでなく、倉庫スペースを大きく占領してしまう、という現象が起るからである。これは、在庫管理がうまくいかないのではなくて、仕入管理がうまくいかないためである。そして、仕入管理を知っている会社は驚く程少ない。（拙著、経営マニュアル実例集『社長のための在庫管理・購買管理』を参照されたい。目を見張るような効果は、数々の実例で証明済である。しかも鼻歌まじりで出来るくらい簡単である。）

在庫恐怖症にかかると、ただ、やみくもに在庫節減をするようになってしまう。特に、経理担当者と社長が重症になる。

困ったことには、経理担当者は在庫節減こそ、会社の利益増大法だと思いこんでいる。それ以外のことは何も知らないからだ。

ここに危険が伏在する。如何に有効な販売促進策も、経理の「それは金利が高くなります」の一言でつぶれてしまうのだ。「いくら金利が高くなるか」ということは計算せずに、である。

これは、経理担当者が悪いのではなくて、在庫の正しい考え方を勉強しようとしない社長に全責任がある。

在庫の正しい認識のないままに、ただやみくもに在庫節減をしようとする。だから、在庫を減らすシステムが開発されたと聞くと、無批判にこれに飛びついて売上、不振という大やけどをすることになる。その代表的なものが〝ＰＯＳ〞と〝ジャスト・イン・タイム〞である。

この二つの間違った理論の弊害は想像できない程大きい。しかも、これに気がつく人が極めて少ないのも、その原因は、在庫恐怖症である。

ＰＯＳも、始めはボチボチだったが、ある大手スーパーでＰＯＳを採用してから急速に普及した。採用の動機は何と〝在庫節減〞らしい。もしも、そうであったなら、これ自体大きな誤りである。ＰＯＳの狙いは販売促進でなければならないからだ。本末顛倒《ほんまつてんとう》である。果せるかなＰＯＳを採用した多くの小売店では軒並み売上停滞を来したのである。ナゼ、そうなったのだろうか。それはＰＯＳの本質的な欠陥に根ざしているからである。

ＰＯＳを採用しているある店で、一人のお客様が気に入ったスプーンを一本見つけた。五本ほしいが、陳列してあるのは一本である。そこで、その店の係の人に五本ほしいのだが、といったところ、「予約していただきたい」との返答であった。そのお客様はあきれてスプーンを買うのをやめてしまった。在庫節減という至上命令のために、売場の陳列数を減らしてしまっていたからである。

ＰＯＳの主な欠陥は次のとおりである。

1　陳列品の数を減らしてしまうので、売場《フェース》品切れを起して売損ないが発生しやすい。

2　売損ないは、ＰＯＳでは全くつかめない。

3　配送センターには、ＰＯＳの指令する品物が未入荷という状態が日常茶飯事として発生しているために、指令通りの配送ができない。本節の例にあげた大手スーパーでＰＯＳが成功したのは、このような状態の中で、配送請負い業者が欠品を全部手作業で控えをとり、入荷次第配送するという面倒極まる業務を人海戦術で行なったからである。多くの人々はこの部分を全く見落している。ある菓子のメーカーでは、得意先のスーパーがＰＯＳを採用した途端に注文が減りだした。店へ出かけてみると、フェース品切続出である。店長にこのことを話すと、「分っているのだが、ＰＯＳの指令がないのだから手の打ちようがない。管理本部に話しても、さっぱり効果がない」という返答である。メーカーの社長は、頭をかかえっ放しになってしまった。ＰＯＳを採用する得意先が増加してゆくからだ。

4　ＰＯＳでは、その会社で取扱っていない商品の情報はとれない。別途情報収集をしなければならない。つまりＰＯＳとは無関係である。逆に、「我社はこんなにも多くの商品情報を収集している」と思いこんで、商品情報の収集を怠る危険が生ずるのである。ごく一部のスーパーを除いて、定番外の商品は売らない、という硬直した態度をとっているだけに、この危険は大きいのである。

5　ＰＯＳのために新たにかかる費用（増分費用という）が見過されている。ＰＯＳは、そんな費用なんか簡単に埋めてしまうとでも考えているのだろうか。コンピューターは意外な〝金喰い虫〟なのである。

というところで、マイナスばかりが目につくのである。

ＰＯＳとジャスト・イン・タイムは結局のところ、在庫減少による金利負担の軽減という狙いなのだが、これは、在庫と金利についての思い違いである。

在庫に金利がかかるのは、〝締切日〟現在の在庫についてであって、常時在庫に金利がかかるわけではない。その常時在庫を、ＰＯＳやジャスト・イン・タイムで減らすことは意味がない上に、費用がかかるだけである。

　常時在庫というのは、資金管理とは関係なく、スペース管理の問題であるという正しい認識を持たなければならない。

　ところが、これが分っていない。ある大手のスーパーでは、厨房用品を納めているメーカーに、二カ月に一回の納入を、午前と午後の二回に分けて納入せよ、という指示をしている。お脳の程度を、イヤでも疑いたくなるではないか。

　私が経営戦略の本の中にこんなことを書くのは、事業経営についての理論や文献には、心理学的なことは殆んどふれられていないのだが、現実には人間の心理はこのように様々な事について様々な反応や行動をとることを知ってもらいたいからである。

# 四　集中（重点指向）の原理による特色化をはかる

# 商品の品種を絞り、その中で品目を多様化する

## O社

O社は小型モーターのメーカーである。

O社のモーターは、直径三〇ミリ（三センチ）～一二〇ミリ（一二センチ）の間に限定されている。

したがって、オモチャ用はないし、動力用の汎用モーターもない。

そのかわりに、性能機能のヤカマシイものが多い。ベアリングの回転音のしないもの、風切音のしないもの、などはその一例である。

そのようなモーターについては、他社のマネのできない優良品をつくっている。同時にそれぞれの用途に応じた商品の占有率は高い。

生産の面から見ても、サイズの範囲がきまっているために、生産性が高く工場がやり易いというメリットを持っている。すべてにおいて、よく考えた品種の絞り方である。

しかし、何といっても商品の信頼性に大きな熱意をもっており、常時厳しい虐待試験を行なっている姿勢は立派である。

もう一つO社長のユニークな考え方を紹介させていただくと、不採算商品はすべて捨ててるのが定石であるのに、ここでは一つだけ不採算商品を残しておく。これを採算の合うようにするための様々な工夫と努力を行なっている。そして、このための新しい工夫が成功すると、これを他の商品に応用してゆくのである。

## 集中の原理とは

市場の大きさというものは、企業規模にくらべたら、べら棒に大きいのだ。べら棒に大きな市場の中のお客様の要求は、ほとんど無限といっていい。ほとんど無限という市場の要求を、全部満たすことなど、どんなマンモス企業といえども、初めから全く不可能なのだ。ましてや中小企業においてをやである。

**市場のすべての要求を満たそうとすると、市場のすべての要求を満たせなくなるのだ。**

4．集中（重点指向）の原理による特色化をはかる

むろん、企業、特に中小企業が、全市場を対象に考えているわけではないが、考えている市場は、企業規模に比較して、甚だしく大きい。結果においては、市場の要求を全く満たせなくなることに変りはないのである。というのは、大きすぎる市場を対象にするために、商品の層が全く薄くなってしまうからである。

商品の層が薄いと、お客様はその中から好みの品を選択する余地がなくなってしまう。

たとえば、洋服タンスを買いたいといっても、二品か三品しかなかったら、好きなものを選ぶのに困惑してしまう。二十品も三十品も見くらべて、はじめて選択できるのだ。お客様は、見くらべてから選ぶ、という買い方をするのだ。お客様がどんな買い方をするのかを知らずに商売ができる筈がないではないか。

お客様は、見くらべてから買うのであるから、見くらべられるだけの多様の商品を揃えなければならない。当然のこととして、商品の間口を絞り、その中で多様化を図るより他に方法はないのである。

ということは、企業規模が小さい程、売場面積が小さい程、商品の間口を絞らなければならないことを意味している。

スーパーに例をとれば、小型店は食料品だけに絞って、多様な商品をおいている。小型店でも、食料品だけに限ってみれば、大型店より甚だしく劣るということはない。ここに小型店の生きる道があるのだ。売場面積が十分の一しかないのに、十倍の店と同じ品種を揃えたら、一つ一つの品種は十分の一しかおけず、一つ一つの品種は、デザイン、サイズなど多様化はできない。これでは大型店と太刀打ちなどできる筈がない。

売場面積が十分の一の小型店は、大型店の十分の一に品種を絞れば、一品種当りは大型店と互角になる。もしも二十分の一に絞れば、一品種当りは大型店の二倍の規模になって、特色を発揮できるのである。いわゆる、〝専門店化〟である。この典型は、大阪の心斎橋筋にある「F社」という売場面積四〜五坪のアクセサリー専門店である。私はこの店を称して、同じ心斎橋筋にある「大丸」デパートの五十倍の超大型店という表現をとる。そのわけは、金色のくさりである。大丸では、せいぜい二〜三十本しかおいていないが、F社では数百本くらいある感じである。その金色のくさりの前には、いつ見ても五人や七人のお客様がいて、盛んにあさっているのである。

## 4．集中（重点指向）の原理による特色化をはかる

F社は、金色くさり以外の商品についても、全く同じ品揃えの方針をとっている。私が感心している店の一つである。

同じ心斎橋筋のM社というショルダーバッグ専門店も、ショルダーバッグ一本に絞っている優良店である。M社くらいの売場のバッグ店は同筋にいくつもあるが、商品を絞らずに、ショルダーバッグ、ハンドバッグ、財布、買い物袋など様々なものをならべている。だから、ショルダーバッグについては、M社が心斎橋筋一番の大型店なのである。普通、専門店のお客様は衝動買いであるが、M社は目的買いの店のような感じがする。というのは、店の前で見ていると、お客様は、わき見もせずに、用があるという感じで入ってゆくからである。

輸入の袋物問屋の、M産業は、初めは民芸品、アクセサリーなど、多種類のものを扱ってみたが、どうも思わしくない。そこで、試みに袋物一本に絞り、二〜三百種のものを揃えたところ、が然売上げが急上昇したということである。社長のY氏の言である。

スター精密の自動盤は、棒径を六ミリ以下に絞って好成績をあげている。

モーターの専門メーカーのP製作所は、外径三十ミリから九十ミリまでの間の

モーターに絞っている。そのために、大手と競合する汎用モーターや、収益性のあまりよくないマイクロモーターはやらなくてすむ。この範囲外の要求はずいぶんあるけれども、すべて断わるのである。そして、この範囲内で徹底した品質、コストを追求し、大きな占有率の確保と、安定収益を実現しているのである。

P製作所の例は、占有率について、次のことをわれわれに教えてくれる。

占有率の項ですでにのべたように、企業規模と市場の大きさには相関関係があることはたしかである。しかし大きすぎる市場でも、その中のある商品またはある範囲に絞って、その中での大きな占有率を確保すれば、りっぱにやってゆけるということである。こうなると、市場選択の余地が多くなってくる、ということである。

次に、商品を徹底的に絞って成功している例をみよう。

山際電気の照明器具は有名である。それも、ビル用や工場用は扱わず装飾的なものだけに限定して、たくさんの種類を揃えている。シャンデリアから門灯、風呂場からトイレに至るまで、全部揃っているだけでなく、その一つ一つの種類、例えばシャンデリアでも、いろいろなデザイン、いろいろな値段のものがあるから、お客様はこの中から自分の好みと予算に応じて買整えることができるのである。家を新築する時など極めて便利である。間取図面をもっていって、これはここ、あれはここ、とメモしながら買っているお客様が多いのである。だから、店内は、いつもお客様でにぎわっているし、よく売れるのである。私が数回店をのぞいてみてそうなのである。

G社は、サンドイッチ一本に絞っている。それも、風が吹けば飛ぶような薄いハムか何かはさんである一流レストランのものとは品物が全然違う。一つが、普通にあるサンドイッチの五枚分くらいの厚さのデラックスなものである。「世界のサンドイッチ、五十五種類」というキャッチフレーズに見るように実に多様である。ショーウィンドーの見本を見るだけでも楽しくなる。

あまりデラックスで厚いので、食べにくいというお客様の声があるが、そこがいいのだ、というのがS会長の話である。食べよくしたら、デラックスさが失われてしまう、ということらしい。日本中に、三十余りのチェーン店をもっている。どの店も小型である。その店はどこも、いつも満員に近い。子供づれのお客様などは、長い時間テーブルを占領している。「子供さんでは回転が悪くて効率が悪いですね」と会長に話したら、「とんでもない。有難いお客さんですよ。何しろ先が永いですからね」という御返答である。名経営者の見方は違うものである。最近ハワイのホノルルのカラカウワ通りに、パイロット・ショップを出した。なかなか好調で、お客様の大部分が日本人以外で、その中で米本国人が多いとのことである。これで、米本土進出の自信ができました、との便りをいただいて、私も我が事のように嬉しい。

東京の渋谷には、スパゲッティ専門の、「壁の穴」という店がある。ここも、数十種類のスパゲッティを揃えている。アサリスパゲッティ、納豆スパゲッティから、イカスミスパゲッティまであるのだから恐れ入る。むろん大繁盛である。

このような優れた実例は、「いろいろなものを扱わなければダメだ」という常識(?)に、再考を促しているのである。

## 高級品に絞って企業イメージを高める

倒産した高級釣竿メーカーのF社の教訓をみよう。

F社の釣竿といえば、釣マニアにとっては、まさに〝垂ぜん〟の的であった。F

社の釣竿を持っている、ということだけで、釣仲間に鼻が高かったのである。釣マニアという固定層のお客様をもち、高収益経営を誇っていたＦ社の破綻は、安物を発売したことであった。

その安物に、Ｆ社の銘をバカスカ打って売ったのだからたまらない。Ｆ社の声価は一気に地に落ちてしまったのである。そのために、本命の高級品のお客様は全部逃げてしまい、バッタリと売上げがとまってしまったのである。

一方、大量生産も大量販売も経験のないＦ社は、低コストで生産することもできなければ、安物業界の販売競争にもなすすべがなく、売上げはサッパリ伸びなかった。高級品も売れず、安物も売れない。これで会社がもつわけがない。こうしてＦ社はつぶれてしまったのである。

Ｔ社は、家庭雑貨のメーカーで、商品の優秀さは定評があった。Ｔ社長はもっと売上げを伸ばそうとして、安物を発売しようとした。これをきいたある代理店の社長が、商品のイメージをこわすからやめたほうがよいと忠告をし、沙汰やみになった。Ｔ社長は、よい代理店をもっていて幸いである。

Ｙ社は、売場面積四百坪の地方都市のスーパーであった。赤字でどうしていいか分らぬから手伝ってくれという。これは大変だ、と日程をムリにやりくりして駈けつけた。しかし、もう手遅れだった。手遅れというのは、資金が続かないということである。私は、赤字会社にお伺いすると、真先にやることは「いつまで資金が続くか」ということである。いくら超特急で手を打っても、翌日から効果がでるものではない。少なくとも四カ月程度、欲をいえば六カ月は持ちこたえるだけの資金がなければ、どうにもならないのである。それを、どう工面しても、ギリギリ二カ月だったのである。せめて、もう半年前に声をかけていてくれたら、といっても後の祭である。

Y社は、もと売場面積六十坪程の洋品店であった。高級品だけに絞り、金持や上流社会の固定客をガッチリとつかんで、高収益経営をしていた。その地方では、Y社の包装紙をつけた贈物なら、どこへ贈っても恥かしくなかった程なのである。それを、金ができたので、四百坪の店を買って、スーパーにのりだしたのである。高級洋品店は一転してスーパーに変身した。従来の高級品のお得意には完全に逃げられ、スーパーの方は、経営法が分らず、スーパーの社員をスカウトしてこれに一切を任せて、ついに倒産寸前まできてしまったのである。Y社はスーパーの建物を売っ

## 4．集中（重点指向）の原理による特色化をはかる

て、危うく倒産だけはまぬかれた。せめてもの幸いであった。

以上、三つの例は、〝企業イメージ〟というものが如何に大切なものであるか、ということをわれわれに教えてくれる。自らの強味——企業イメージ——を自覚せず、「もっと事業を拡大したい」という単純な気持だけで、よく考えもせずに、安物に走ってしまった。そして失敗してしまったのである。「高級品では数がでない。数多く売れるのは安物である」という考え方に、私はイヤという程ぶつかる。いや、こう考えない人の方がむしろ極めて数少ないのである。

こうして、たくさんの会社が安物に殺到し、百の需要に二百の供給という過当競争がまき起る。これが、さらに安くしなければ売れない、ということになり、「コスト・ダウンこそ企業繁栄の鍵である」というような〝定説〟（？）ができあがってゆく。そして、能率・合理化・設備投資という、おきまりのコースを通って、つぶれるか、つぶれないまでも、どうにもならない低収益企業になり下がってしまうのである。

高収益、安定経営は、安物では不可能である。何の特色ももつことができないからだ。

特色をもち、これを我社の強味として、しっかりと守りぬくことこそ、高収益、安定経営を実現するものである。その第一は、高級品であり、もう一つは一品料理または少量生産なのである。

ところが、小さな会社ほど、たくさん売れるもの、という単純な発想から、大きすぎる市場を狙うのだから、どうにも救われないのである。

御幸毛織、ユニオン製靴、牧野フライスなど、みな最高級品または高級品だけに絞って成功している。

「ハンドバッグと靴のアンサンブル」として有名な兼松は、社長自らオリジナルデザインに心魂を傾けるとともに、店舗そのもののムードも、全くのハイ・センスである。

これらの会社は、企業イメージが如何に大切かを、社長がよく認識しており、高級品一筋の方針は微動だにしないのである。

我社の事業、我社の商品は、何を特色とし、そのために何をしなければならないかをきめるのは、社長以外の誰でもないのである。

## 4．集中（重点指向）の原理による特色化をはかる

S社は、軽金属製の門扉のメーカーであった。

メーカー価格は三万円～五万円という低価格で、業績は思わしくなかった。

私は「低価格の量産品をいくら作っても、価格競争に巻きこまれるだけで、事態は永久に好転しない。それに反して高価格門扉ならば競争はあまりないし、高収益が可能だ。とりあえずは一〇万円～二〇万円の門扉を低価格品と並行生産し、売行きを見ながら低価格品を減らし、あわせて、高価格品を作ってゆくべきだ。大切なことは大工、工務店を社長が直接訪問して販売すべきである」と勧告した。

社長のお客様訪問でわかったことは、高価格品は既製品よりは注文品が圧倒的に多く、しかも作ってくれるところがなくて困っているというのである。全くの空白地帯だったのである。高価格品は多くの商品で、こうした傾向があるのだ。

S社は、たちまち注文品の生産で大多忙となり、業績は一気に好転してしまった。価格帯は次第に上り、一面一〇〇万円以上にもなるものさえあった。

S社では、この高収益事業をふまえて外壁部品や部材に進出することができたのである。

K社は、ステンレス製のシンク（流し台）の加工業であった。一般住宅用の低価格の規格品で、低収益に苦しんでいた。

K社長の相談に対する私の返答は、

「量産品では永久に会社は高収益にはならない。生産性向上と低価格化のイタチゴッコだからだ。もしも、社長に高級化の意志があるなら、高級の厨房用品セット（今でいうシステムキッチン）に取組んでみたらどうか。

よく考えて決心がついたなら、社長自ら今のシンクの受注先にお伺いして話を持出してごらんなさい」

と申しあげた。

K社長の申出をきいた先方の会社では「今までやってもらうところがなくて困っていた」とばかりに大喜びで、話は即座にまとまってしまったという。

それから一年、K社長にお目にかかった時には、一日一セットの割合で売れるようになったという。何しろ一セット一〇〇万円以上で、収益性は低価格品より遥かに高いのだから、いうことはなかったのである。

鉄骨メーカーのN社長から、「新事業として木造住宅をやりたいが……」との相談である。私は「低価格住宅でなく、中級住宅を狙うのがよい」とアドバイスした。

N社長は低価格住宅のほうが売れ足が早いからやってみたいという意向だったが、私の説得で中級住宅に切換えた。それでも不安なので、試験的に二棟たててみた。むろん一倉思想に基づく設計とした。

結果は、四人のお客様から「気に入った」と申込みを受けたが二棟しかない。アブレタ二人のお客様から、「何で二棟しか建てなかったのか」ときつくお叱りを受けてしまった。

N社長はスッカリ自信をつけてしまったのである。

中小企業の経営者の多くは、低価格で高く売れる商品が有利だと思って、こうしたものに乗り出すケースが多いが、実は、このこと自体が過当競争を引き起す原因になっているのである。

必然的に中級品や高価格品に取組む企業は少ない。そのために、こうした市場に乗り出した中小企業は、すべての面で有利である。需要はあるし、競争らしい競争はないのだ。

さらに市場が小さいために、大手の参入などはない、という安全地帯でもあるのだ。

高級品（中級品も含む）高価格品こそ、中小企業としての事業として最適なものの一つということができる。

安全で競争は少なく、しかも高収益を期待できる。しかも大手の参入は無いという好条件までそなえているのだ。

こういう事業を〝スキマ産業〟というが、私にいわせたら〝盲点産業〟である。

外食産業では、多品種と単品種の二極に分れているが、成功の確率は単品種の方が多い。

単品種によって、徹底的に味の追究をするほうが、お客様の要求する〝味〟を実現することの可能性が高いからである。

単品経営の方が遥かに有利であることを知っておくべきだろう。これこそ他業種と一味違う業種であろう。

ということは、他業種と違って斜陽化のないことである。過去何千年にわたり、時の節を通して生き残ったものばかりであって、しかも新規参入など全く不可能だからである。

だから、料理研究家と称する連中の研究した新商品と称するものは成功したためしがないのである。外食産業で生き残る道は、新商品などの幻想にとらわれることはやめて、長い年月を経て生き残った料理のうちから、何か一品種を選び、一意専心「うまい味」を探求することこそ成功の只一つの道と心得て、一途に進むことこそ成功の秘訣であることを知っていなければならない。

むろん、清潔、衛生、雰囲気、人的サービスについての配慮を忘れてはならないという条件を十分に満たした上でのことはいうまでもない。

## 客層を絞って

毛糸問屋のT商事は、新事業を次々と開発して業績をあげている。その新事業の一つである婦人服の現金卸の成功をみよう。

初めのうち、店長に仕入れを任せきり（実は放任）であった。

店長は、ご多分にもれず、「できるだけ多くの種類」を揃えることが販売増進の道であると思って、「何でもかでも」扱ったのである。これは、お客様が、「これこれの品物がありますか」ときかれたときに、それを扱っていないと、「しまった、早速扱わなくては」と思って、これを仕入れる。こうして種類は際限もなく増えてゆく。しかし、店舗の面積には限りがある。そのために、一つ一つの商品のサイズやデザインは貧弱になってゆくのだ。**お客様が望むのは、すべての品が揃っていることではなくて、自分の買いたい商品が豊富に揃っていることなのだ。**たくさんの品を見くらべて、その中から自分の気に入ったものを買いたいのである。

何もかもおこうとすると、何一つとして、お客様の要求する品揃えができなくなるのである。

店長の間違った考えによる「何でもかでも」主義は、当然のこととして、売上不振であった。

初めのうちは、開店当初だからという理由で見過されたが、いつまでたっても売上げは増加しなかった。

我慢しきれなくなった常務のS氏が、自ら店長となった。店へ入ってびっくりした。こんなことで売れるわけがない、と直ちに改革を行なったのである。

まず、「中年婦人向けの実用高級品」という基本方針を打ちだし、さらに商品は、スーツとセーターとスカートに限定した。そのために商品は充実し、「中年向けならT商事へゆけ」というお客様の評価が得られたのである。売上げが格段に上昇したのはいうまでもない。

S社は、ヤング向けの個性化に焦点を絞った。独得のファッション性を発揮して成功している。K商店は、クイン・サイズのスーツ専門で、全国に百余りのクイン・サイズ専門店を特約店としてもっている。

街を歩くと、メンズ・ウエアがあったり、ベビー用品専門店にぶつかったりする。

いずれの場合でも、客層を絞って、その客層の多様な要求を満たすという着想なのである。つまり、〝顧客の要求〟に焦点を合わせているのである。

顧客の要求は何か。顧客はどんな買い方をするのかを研究し、我社の経営のあり方をきめることこそ重要である。

4．集中（重点指向）の原理による特色化をはかる顧客の立場に立たず、我社の立場に立って、ひとりよがりの経営をしていたのではいつまでたっても業績の向上は望めないことを銘記しなければならないのである。

# 五　外部情勢の変化に対応する
# 安全性の確保をはかる

## 業界の組合せはよいか

Ｉバルブは、中小企業モデル工場であったがつぶれてしまった。Ｉ社長は、中小企業の世話役として有名であり、何十という名誉職的な肩書をもち、社業を顧みるいとまはなかった。

当時「優等生の落第」といわれて、たくさんのマスコミに騒がれたのである。こういう取りあげ方しかできないから困るのである。

優等生が落第する筈がない。劣等生だったから落第したのである。Ｉバルブは、合理化という内部管理の優等生であったが、経営では全くの劣等生だったのだ。

会社の優劣は内部管理の優秀さにあるのではない。事業経営の優秀さにあるのだ。

いかに内部管理が優れていようと、内部管理には外部情勢の変化に対応する力は全くないのである。Ｉバルブは、外部情勢の変化に対応できずにつぶれたのである。

Ｉバルブは、石油業界のバルブしか造っていなかった。戦後、石油コンビナートの建設ブームに乗って、業績も伸長していった。そして、そのブームに乗って大増産をすべく、近県の工場団地に大きな敷地を購入した。ところが、石油コンビナートの建設が一段落して、受注が減り始めた。そこへ、その後の不況が追い打ちをかけ、受注は激減した。資金繰りは大ピンチに陥った。そのピンチに、社長は社業をよそに、他人のためにとび廻っている。その資金繰りは、工場用地を買ったために大きな資金を固定化して負担を大きくし、ついに、資金繰りに破綻を来してしまったのである。

Ｉバルブは、更生会社の指定をうけた。Ｉ社長は深く反省するところがあり、一切の公職を辞し、頭を丸めて再建に取組んだ。

再建の基本方針は、石油業界のみに住みついていた危険を思い知らされたために、他業界のバルブにも乗りだす、という〝多角化〟であった。

この再建を助けたものに、東京都の都市計画による本社工場用地の東京都への売却である。貴重な資金が、しかも多額な資金がころがりこんできたからである。

そして今は、負債を完済して更生会社の指定をとかれて、立派に一人前の会社に

## 5．外部情勢の変化に対応する安全性の確保をはかる

生れかわったのである。

Ｉバルブの教訓は、その破綻と再建が、完全に対照しているために、誰の目にもよく分るのである。

破綻の原因は

1、社長が経営に専念しなかった

2、一つの業界にのみ住みついていた

3、固定資産に大きな資金を固定した

ことにより、外部情勢の変化に対応できなかったのである。

再建の原因は

1、社長が社業に専念した

2、事業を多角化した（他業界への進出）

3、固定資産を処分した（他動的ではあるが）

である。

つまり、倒産の原因の全く逆をいっているところに注目したいのである。

Ｉバルブの実例は、一つの業界にのみ住みつくことの危険を端的に教えてくれ

る。

どんな業界にも、斜陽化の危険は必ずある。永久に成長し続ける業界はないのだ。もしも業界それ自体が斜陽化してしまえば、いくらその中で頑張ってもダメである。

それだけではない。業界としての時期的な消長があり、業界固有の季節変動もある。

一つの業界にのみ住みついていたら、それらの影響を一〇〇%うけてしまう。まともにこの打撃をうけたら、耐えきるのは容易ではない。つぶれないまでも、大幅な業績低下や、季節変動による定期的な業績低下を来すのである。

この危険を避けるためには、二つ以上の業界にまたがることである。

ところが、多くの中小企業の経営者は、他業界に目を向けようとせず、自分のいる業界の中だけで物を考えようとする。

K社は、女学生用のセーラー服の縫製工場である。この業界は、夏場の三カ月はほとんど仕事がない。「どうしたものだろう」という相談である。冗談じゃない。一年を九カ月で暮そうとは虫がよすぎる。それを、なすすべもなく、ただ「困った困った」といっている。

ミシンがあるのだから、あまり高度な技術のいらない縫製の仕事を探せばいくらでもある筈だ。下着類、枕カバー、エプロン、よだれかけ……ちょっと高級になれば、座ぶとん、置きクッションなどなど。

しかも、閑散期はもともと仕事がないのだから、安い工賃でも、遊んでいるよりいいのだ。遊んでいても人件費は減らないのだから、どんな仕事でもやる気さえあればできるのだ。安くてもいいのだから、競争力があるのだというのが、私の勧告であった。

右の例は、無策型である。しかし、積極的に考える社長でも、やはり同業界の中で物を考える人が圧倒的に多い。

Z社は、土木用のコンプレッサーの専門メーカーである。社長は、多角化のために、クラッシャーをやりたいという。

私は、「同業界の新商品では業界の危険は少しも減らない。その半面、クラッシャーといういままでつくったことのない商品をつくるためには、あなたの会社にとっては新しい技術が必要になってくる。新しい技術は、一朝一夕に修得できるものではない。不慣れな技術のままで商品をつくったら、知らずに欠陥商品を発売する危険が新たに生れる。いったん欠陥商品をだしたら、それによって失った信用をとりかえすのは容易なことではない。安全性は増えずに、危険だけが増えるのが、同業界の異種商品だ。安全性を増したいなら、現在の技術を使った他業界の商品に進出するのが正しい策である」と勧告した。

私の勧告を、社長が理解するには若干の時間を要したが、決定よりも先に検討を進めた結果、社長は納得してくれた。何といっても、手なれたコンプレッサーを主体とすることに安心感があったのである。

その検討とは、次のようなことであった。

コンプレッサーの主要市場は、土木用以外で、工場用と家電と冷凍機の三つに大別できた。工場用は一度手がけてみたが、どうも体質に合わないとしてやめたので食欲がわかず、家電は小型コンプレッサーで、しかも量産設備がないのでこれもダメ。最後に残った冷凍機と取組むこととなった。

冷凍機業界の調査をしているうちに、ある冷凍機メーカーが下請を探しているという情報が入り、早速このメーカーに働きかけたところ、先方でも喜びたちまち話がまとまってしまった。作戦としては、まず下請として冷凍機の勉強と冷凍機業界の調査をし、自社商品化の可能性を検討するということになった。

これならば、主体はコンプレッサーだから技術的には何の心配もいらないし、冷凍機の固有部品は支給してもらうか、購入先を紹介してもらうことで解決したのである。

こうして、危険はあまり増加せず、しかも他業界に乗りだすことによって、危険の分散と業績の向上という、一石二鳥を実現することができたのである。

このZ社のいき方こそ、多角化の正しいいき方なのである。

**〝多角化〟とは、住みつく業界を多角化してゆくことである。同一業界内で、商品の品種を増やすことは、多角化ではなくて、〝多品種化〟である。**

ところが、多角化と多品種化の区別が分らず、多品種化を多角化と思いこんでいる人が相当いるのである。

不用意な多品種化は、多くの場合に相当な危険を伴う。それに反して、多角化は多くの場合に危険はあまり増大せずに、収益の向上と安定をもたらす。

「内部、つまり技術は専門化し、外部、つまり市場を多角化する」ということは、どのような会社にとっても、優れた企業構造の一つの型であるといえる。

例えば、A社のコンター・マシンである。内部では、コンター・マシンに焦点を合わせた設備と技術を掘り下げるという専門化を進めればよく、外部では鉄を扱うあらゆる業種に潜在需要があるから、特定業種の不況の影響を全面的に受けるようなことがないのである。

もう一つ典型的な例としては、Y製作所がある。同社の発展のあとを辿ってみよう。

同社のスタートは、戦後で、最初に手がけたのは、腕時計のバンドのバネ棒であった。バネ棒がほぼ軌道に乗った時に、腕時計のバンドに手をつけた。おきまりの〝同業界の異種商品〟である。ところが、バネ棒とは全く違う技術を必要とするために、どうしてもうまくいかず、失敗をしてしまったのである。

Y社長は、この失敗から貴重な教訓を得た。それは、「バネ棒と腕時計のバンドは全く異種の技術を必要とする。そこを考えずに、バネ棒とバンドという商品的な関連だけを見て、不用意に手を出したのが間違いだ。我社のもっている技術は、〝パイプ加工〟である。だから、パイプ加工に焦点を絞って新商品を開発してゆかなければならない」ということである。

こうして、Y製作所の正しい生き方が決定された。

そこで目をつけたのが、米軍人の持っていたロッド・アンテナである。そして、これは見事に成功した。いまでは、「Y社のロッド・アンテナか、ロッド・アンテナのY社か」といわれるまでになり、圧倒的な市場占有率を誇っている。

次に手を出したのは、テレビ・アンテナである。これは失敗であった。加工度が低く、競争は激しいために収益性が悪かったからである。

これ以後の同社の進んだ道は、パイプ・ハンガー↓靴べらのシャフト↓ゴルフクラブのシャフト↓バドミントンラケットのシャフト、というようにパイプ加工一本に絞って商品を開発している。さらに、ゴルフクラブに進出したが、これは体質に合わず撤退した。

Y製作所は、内部ではパイプ加工技術に専門化しているが、その商品の市場は、腕時計、家庭電器、雑貨、レジャーというように多角化されている。まさに理想的な事業構造である。

世の中は非常な勢いで変っているのだ。そのために、いつ、どのような業界が斜陽化してゆくか分ったものではない。自らが住んでいる業界が斜陽化したら、その中でいくらもがいてみても、どうにもなるものではない。

未来に、いつ起るかも分らない危険にそなえて、我社の安全のための多角化、少なくとも二つ、好ましいのは三つ以上の業界混成を図ることこそ、社長の役割である。市場には全く関心を示さず、会社の内部にのみ目を注ぎ、合理化と社員管理に憂き身をやつしている会社が多すぎるのを見るにつけ、戦後アメリカから入ってきた「経営学と称する経営学にあらざる内部管理の手法」を、経営学と称して盛んに売っている人々に反省を求めたいのである。

それらの理論を勉強し、とり入れることが企業の近代化であると思いこまされているたくさんの企業は、間違った理論の被害者であることは事実ではある。しかし、いやしくも経営者たるものが、初めは誤ったにせよ、すぐに、その理論は内部管理のためのものであっても、経営学ではないことに気がつかないというのも、困ったものである。

**経営者の役割は内部管理ではなくて、事業の経営である。そして、事業経営とは、市場と顧客の要求の変化に対応して、我社をつくりかえてゆくことである。**

もしも、あなたの会社が、ただ一つの業界にだけしか住みついていないとするならば、今すぐに他業界への進出に踏みきる必要がある。

そして、社長自ら新商品、新得意先の開拓をやらなければならないのである。社員任せなどしたら、それは全くの間違いである。というのは、我社の将来の安全を図るのは、社長の役割だからである。

## 得意先の組合せはよいか

G社はR社のオンリーさんであった。R社が順調な発展をしているうちはたいした問題はなかった。せいぜいR社のG社担当者から接待の要求が多すぎるという程度の不満があるだけだった。

ところが、競争が激しくなるにつれ、次第に値下げ要求がきつくなってきた。親企業のムリな要求も、結局は呑まなければならないだけに、その不満がだんだんと親企業への批判や反感となっていった。

それが批判や反感のうちはまだよかった。ついに、G社にとって、右すべきか左すべきかの存亡に関する大問題がR社から提示された。それは、R社への吸収合併の提案である。

G社長は悩み苦しんだことは事実だが、自らの気持としては、これを拒絶して「独自の道を行きたい」ということであった。

ところが、この選択を、自らの気持をかくして社員にその可否を問うという、大きな誤りをおかしてしまったのである。社長として何が誤りといっても「我社の将来の方向を社員に問う」という程大きな誤りはないからである。

当然のこととして、社内は蜂の巣をつついたような大混乱に陥ってしまった。ただおろおろするもの、我関せずと平静を装うもの、独得の嗅覚を働かせて社長の気持を察し、「G社の旗を守れ」と叫ぶもの、冷静に事態を判断して合併賛成を説くもの……、仕事は全く手につかず、来る日も来る日もいつ果るともない論争が繰返されていったのである。

ついに、社長の断、というよりは、自らの気持を明らかにしたのであるが、合併を拒否することに決定された。

# 5．外部情勢の変化に対応する安全性の確保をはかる

これは、明らかに親企業に対する〝宣戦布告〟である。親企業にしてみれば、これは単に自らの提案が実現しなかっただけではなく、面子をつぶされたことである。どんなことをしても、G社の仕事を取上げることは目に見えているからである。そして、半年後に注文を三分の一に減らされ、一年後には完全に切られてしまったのである。

合併拒否は、当然のこととして、このことを予測というよりは、〝将来の事実〟としてその対策をたてての上でなければならないのに、それが全くなかったのである。合併賛成派は、このことを考えて「合併より他に道なし」というのが、その根拠だったのである。

会社が順調な時には、社員は会社のことを考えない。しかし、いったん危急存亡のピンチに立った時には、社員は会社の運命を自らの運命と考えて真剣に取組む。この時は単なる社員ではなくて、経営者の立場に立つものであることを、今にして私は思い当るのである。というのは、この時私はG社の社員だったからである。

私が第一章であげた実例で、「一倉のやつは、人間不信論者だ」とお感じになった読者もおられるかもしれない。しかし、私は人間不信論者ではない。人間は、そ

のおかれた立場や環境によって、全く同じ人間とは思えない考え方や行動をとる動物だということをいいたいのである。

　話をもとにもどそう。

　G社の運命は「倒産」だったのである。会社創立以来、ずっと〝オンリーさん〟ですごしてきたために、自らの力で商品を創造し、自らの力でこれを売る能力などなかったからである。

　倒産までに二年余りであった。この間、会社の将来に見切りをつけた社員が次々にやめていった。いち早くやめた人々の中に、つい昨日まで「G社の旗を守れ」と叫んだものが相当いたのである。

　反対に、新商品を開発し、会社を何とか生き残らせようと努力をした人々は、かつて「G社の旗を守れ」と叫んだ人々によって、〝社賊〟のらく印を押された「合併賛成派」だったのである。これが世の中というものであろう。

　G社の実例は、オンリーさんがいかに危険なものであるかを我々に教えてくれる。その危険とは、全く自主性をもっていないことである。親会社のピンチはその影響をまともにうけ、親企業の方針転換にも、全くなすすべがないからである。だから、会社とはいえ、その実体は親企業の〝分工場〟なのである。本当の分工場ならば、配置転換をしてもらえるが、下請ではつき放されるだけである。

「お互いの信頼関係に立って」というようなきれい事は、調子のよい時だけの話である。

かつての不況期に、それまで超優良会社といわれていたT社は、北陸地方のオンリーさんであった機屋を情容赦なく、バッサバッサと切捨てた。

好調のときには、優良協力工場としてT社に招き、T社長自ら感謝状を手渡し、お互いの信頼関係に立って、末永く協力関係を誓って握手をしたその協力工場をである。

T社の道義的な責任を云々するのもいいが、それよりもむしろ、そんな甘言に感激して、全面的な協力を誓ったお人好しの機屋の社長こそ、批判される立場に立たなければならない、というのが私の主張である。

だからといって、T社のやり方が不問に付されていいというのではない。論より証拠、それ以後、北陸地方におけるT社への不信感は、ぬぐい去ることのできない汚点としていまだに北陸地方の人々の心に残っているのである。

次は、T木工の倒産について考えてみよう。

同社は、売上げの九〇%をM電器に依存していた。実質はオンリーさんである。主要商品は、ステレオのキャビネットであった。ステレオのキャビネットは、モデル・チェンジのサイクルが短く、短期間でのモデル・チェンジに次ぐモデル・チェンジである。しかし、その切換えロスは全く認められない。これは、我が国の下請工場の甘受しなければならない宿命なのである。この損害に追い打ちをかけたものは、輸出品である。輸出品は価格が安い上に検査が厳しい。そのための赤字は多額にのぼり、これが切換えロスの赤字に上乗せされてゆき、ついに倒産してしまったのである。

T木工の例などまだいい方である。私は、親企業が悪どい手段を、しかも巧妙に使って下請企業を乗っ取った例をいくつも知っている。そして、その常とう手段は、造ることしか知らない技術優秀な〝職人社長〟の経営する職人会社を狙って、初めは好餌を与えてオンリー化し、次に絞めあげるということである。これは〝判〟で押したように一致している。親企業にとっては、オンリーさんを乗っ取ることなど、赤子の手をねじ上げるようにやさしいことなのである。

## 5．外部情勢の変化に対応する安全性の確保をはかる

オンリーさんの危険を防ぐための、最も手早く有効な手段は、オンリーさんを避けることであることはいうまでもない。

その典型を私はH社に見る。H社長の方針は、我社の売上げの三〇％以上を一社に依存させない、というのである。

H社は、この方針を得意先に説明して了解をとってある。だからH社には、世に多くある親企業からのオンリー化の要請や、資本参加による実質的乗っ取りの要求などはない。

H社の得意先構成を見ると、家電業界から「コロムビア」、自転車業界から「宮田工業」、事務機業界から「リコー」、計量器業界から「トキコ」、家具業界から「岡村」、自動車業界から「車輪工業」という、全くの一業一社である。

一業一社というのは、非常に重要な意味がある。まず第一は危険分散であることはいうまでもないが、H社の得意先のうち、コロムビア、宮田、リコーと何と三社が破綻または赤字転落による倒産寸前という事態をひき起しているのである。

もしも、それらの会社の一社依存であったなら、H社はどうなったか分らない。

しかしH社は得意先が分散していたために、その打撃は痛かったではあろうが、会

社をつぶすことにはならなかったのである。その三社の破綻は同時に起ったのではなかったので、打撃を受けた時期も分散されたためである。

第二には、下請にとって、得意先が同業界であったなら、得意先から見た場合に、考えなければならないのは、新商品発売までの機密保持である。

普通の場合に、新商品の試作発注をした会社に、量産発注が行なわれる。というよりは、量産予定会社に試作発注が行なわれるのである。

とすると、同業他社の仕事をしている下請会社への発注は、機密保持の上からみて好ましくない。そのような考えを、得意先にもたせることの不利は、いうまでもないことであろう。

H社は、一業一社であるために、得意先は機密保持に対して全く心配はいらないのである。H社の方針の優れているのは、この点にもあるのだ。

得意先の組合せについて考えなければならないことは、まず第一に、主力得意先は三社以上が望ましく、一業界一社が理想である。第二には、最大の得意先でも売上げの三〇％以上を依存しないことである。第三には、主力得意先の中に、限界生産者があると危険である。

社長たるもの、我社の収益増大を図るのは当然として、その前に我社の安全性を確保するための手を打っておかなければならない。

外部情勢は、いつ、どのように変るかも知れず、その影響をうけて、いつ得意先に大幅な業績低下が起るかもしれない。あるいは、得意先自体の方針転換のために、我社の受注が減少するか分ったものではない。

将来の危険に対して、今のうちに手を打つことこそ、社長の重要な役割の一つである。

## 商品の組合せはよいか

衛生ナプキンという、アイディア商品を開発し、高収益、高成長を誇った、かつてのアンネの破綻は、我々に〝単品経営〟の危険を警告するものである。

どのように優れたアイディア商品であろうと、高収益商品であろうと、その優位性を長期間にわたって保ち続けることはまず不可能である。その第一は、後発業者の台頭による競争の激化である。それが優れていればいる程、多くの業者が参入してくる。アンネの場合には〝チャーム〟という新たな装いをこらした商品に打ち負かされたのである。その理由の一つに、アンネが有名になりすぎたために、ブランド・ネームそのものが女性生理の意味合いをもち、これが購買心理的にマイナスを来したという説がある。有名小説のヒロインの名をとったアンネは、最初のイメージとは違ったものになってしまったのである。

　第二には、お客様の好みの変化による売上高の減少である。単品経営の多くの経営者は、その商品が永久に売れるものと思いこんでいる。お客様の好みが変って売上げが落ちることなど考えようとしないのである。そのために、現在の商品の売上げ減にそなえて次の商品を用意する、ということはほとんどない。だから、お客様の好みが変って売上げが落ちはじめるという、今まで考えてもみなかった事態にぶつかって、初めてあわてる。しかしこれでは間に合わないのである。

　世の中には、永久に売れ続ける商品など一つも存在しないのである。それを、我社の商品は永久に売れ続けると思いこんで、現在の好調に酔い、次の商品の開発を怠る経営者は決して少なくないのである。

## 5．外部情勢の変化に対応する安全性の確保をはかる

このことは、単品経営ではなくとも、ある特定の商品の売上げが大きくて、他の商品の売上げが少ないという場合にも当てはまるのである。

Dガラスの倒産は、ヤクルトの瓶が大きな売上比率をもっていたためである。ヤクルトの瓶がプラスチックに変ったその瞬間に売上げが激減し、ついにつぶれてしまったのである。

カルビー製菓は、戦後の菓子業界における場外ホームランともいうべき、〝かっぱえびせん〟の開発によって爆発的に成長した会社であり、菓子にはまれな高収益性をもつ〝かっぱえびせん〟なるがゆえの、高業績を誇っている優良会社である。

ところが、この優良会社は、大きな潜在的危険をもっているのだ。というのは、会社の売上げに占める比率が大きすぎるために、実質的には単品経営とさして変らないのである。

〝かっぱえびせん〟が、永久にお客様の好みに合うという保証は何もない。というよりは、いつお客様の好みが変るか分ったものではないのである。お客様の好みが変った時には、一気に売上げが落ちて、大ピンチに陥るおそれがあるのだ。このような危険を、〝成功しすぎる危険〟というのである。この危険をカバーしたのが

ポテトチップスである。

新商品というものは、成功すればする程いいというものではないことが、おわかりいただけると思う。会社の売上げに占める比率が大きくなりすぎると危険が増大するということを忘れてはならないのである。といっても、丁度よく成功するというようなわけにはなかなかいかない。経営とは、難しくて厄介なものであると、つくづく思うのである。

成功しすぎた危険とよく似た危険に、〝パテントで守られた危険〟がある。パテントが切れた瞬間の危険である。吉野工業がもっていた、プラスチックの〝ブロー・ホール成型法〟は、パテントが切れた瞬間に、各社いっせいに製造にかかった。たちまち過当競争である。同社は、この製法に多くを依存していたわけではないので、大打撃を受けたわけではないが、もしも大きく依存していたら、大変なことである。とかく、中小企業はパテントの強味をもっていると、それに甘んじて、パテントの切れた時のことを考えない。どたん場になって気がついて、あわてても遅いのである。

ところで、パテント切れの時には、切れた会社にとって危険なだけでなく〝これに飛びつく危険〟がある。

A社にお手伝いをしていた時に、ブロー・ホールのパテントが近く切れるから、我社でもやりたいという。私はやめるように勧告した。というのは、A社より数倍大きな会社が、我も我もと乗りだす準備をしていたからである。たちまちに過当競争に陥り、値崩れしてしまうことは、目に見えているからである。

その他、単品経営の危険については、拙著『社長の条件』にも実例があげてある。それは、得意先の方針変更によって、危うく倒産しかけた会社の話、警報器の使用制限令によって大打撃をうけた会社の話、などである。

世の中は、いつ、どのように変るか分ったものではない。今いいからといって決して安心はできないのである。

まだ変化がこないうちに、「現在の我社の商品は遠からず斜陽化する」という認識のもとに、その変化に備えることこそ、社長の大切な役目の一つなのである。

# 内外作区分はよいか

N社はオートバイの部品加工をやっていた。工程は、プレス―溶接―塗装―サブアッセンブリーで、塗装工程だけが外注されていた。

ところが、N社長は塗装まで内作にしたら、もっと利益が大きくなると思いこんでしまった。決定に先立って、というよりは決定してしまってから、その可否を私のところに相談にきた。

私の意見は、内作移行に反対であった。その理由は、同一業界どころか、同一得意先の同一商品の異種技術への進出である。業界の危険は変らずに、異種技術の危険が増えるからである。どうせ多額の設備資金を投入するなら、他業界の同種技術に対して行なうべきなのである。

N社長は、それでも決心を変えなかった。内作によるコスト低減の期待が大きかったからである。

やがて、駆逐艦のような塗装プラントができ上がって、塗装作業が開始された。

しかし、未経験の技術だけに、不良続出で、コストを下げるどころではなく、大きなロスが発生した。その混乱は、一年半も続いた後、やっと技術を物にすることができた。

「やれやれ、これからいよいよコスト低減のメリットが生れるぞ」と喜んだのもつかの間、マーケットが変ってしまったのである。

いままで黒一色だったオートバイは、カラー時代に入り、何種類もの違った色を、少数ずつ塗り分けなければならなかった。常時、十五～六種類、多い時は二十種類以上にも及んだ。

こうなると、大きなプラントが小廻りがきかないために、ロスが大きく、そのためにどうしても採算に乗らず、会社の長期的な重荷となってしまったのである。

そして、また私に相談が来た。N社にお伺いして右の事情を知らされたのである。

私は、カラーは数の多い二～三種類に絞って他は外注する。余った能力で一色で済む仕事を探す他に、当面の策はない。こうして、とにかく採算ベースに乗せることが先決である。その上で、将来の方針を検討するのがいいだろうと勧告した。

この実例には、三つの教訓がある。一つは同一の商品の加工の流れの中で、異種技術進出への危険である。二つにはマーケットの変化に弱いプラントの危険である。三つには、作業能率にばかり目を向けて、有利な内外作区分を考えつかなかったコチコチ頭の危険である。

そして、このコチコチ頭は能率の亡者にしばしば見られるのだ。いったん能率のとりこになると、それ以外のことには全くという程頭が廻らなくなるらしいのである。

工程の組合せ、一口でいえば〝内外作区分〟のことであるが、その場その場の都合や、単なるコストだけの検討で、不用意にきめてしまうことはいましめなければならない。

特に、能率主義者は、増大し続ける人件費・経費を、能率をあげることだけで賄おうとする。まず第一に社内加工の能率をあげることであり、第二には外注費の節減である。

特に、外注費の絶対額が多くなったり、数量が多くなってくると、これを内作に切換えようとする。これによって外注費を節減できるからである。

5．外部情勢の変化に対応する安全性の確保をはかる

ここに思わぬ〝陥《おと》し穴〟がある。外注費以外の条件を考えないからだ。内外作区分の変更ということは、そんな単純なものではなく、経営の基本的要件に関する重大問題なのである。N社の失敗がこれを実証している。

内外作区分は、単にメーカーだけでなく、流通業者にとっても重大な問題である。

衣料品問屋T社の倒産を考えてみよう。T社の倒産は、自ら縫製工場をもったところにある。同一業界の異種活動への進出である。

仕入れだけのうちは、シーズンに間に合うように仕入れ、端境期の仕入れは減らせばよく、返品が可能なものもあり、身軽な経営ができた。

ところが、いったん自社工場を持つと、そうはいかなくなった。衣料は、夏は冬物、冬は夏物というように、半年前から製造を開始しなければならず、もしも見込みが外れた時には、以前ならば返品できたが、こんどは全部自社負担となった。端境期といえども、工場を遊ばせるわけにはいかない。このようにして、運転資金の増大と、不良在庫の増大をきたし、これらが次第に積って、ついに〝不渡り〟を発

生させたのである。

これと全く同じケースに、工具問屋のW社がある。工具を仕入れて売っていた時には、経営は順調であった。ところが、欲を出して工具製作を始めた。多額の資金を投入した工具工場はうまくいかず、折からの不況にあって、工具の売上げは減少し、ついに〝資金ショート〟を起してしまったのである。

異種技術や慣れない事業に進出するときは、十分な準備と、慎重な運営を必要とするのを忘れてはならないのである。

そんな危険をおかさなくとも、業績を向上させる道はあるのだ。

例えば、T社の場合には、製造には手を出さずに問屋に徹して、現在の販売網に乗せられる商品を、新たに加えるところから始めるのが順序であろう。

W社の場合にも、流通業者として、中小型の機械を扱うか、支店を出すか、というところが確実性が高くて無難であろう。

メーカーにせよ、流通業者にせよ、内外作区分をどうするかということは、想像以上に、我社の将来に大きな影響を及ぼすものであることを考えて、慎重にいろいろな角度から検討しなければならないことを、よく心得ておくべきであろう。

## 5．外部情勢の変化に対応する安全性の確保をはかる

内外作区分というものは、単に「間に合わない」とか「安いから」だというような理由でするものではない。重要な戦略的な意味があるのだ。

第一には、収益性の向上である。外注は外注費を払わなくてはならないから、そのぶん収益性が低くなると思い違いをしている社長が多いが、それはその反対で、固定費の増加がない。もしも、これを社内で新たに行なう場合には設備費がかかるだけでなく、製造費がかかる。この計算法は、同じく社長学シリーズの『増収増益戦略』のところで解説してあるので参照されたい。

第二には、季節変動のピーク時には多くの会社で間に合わない場合が多いが、これを外注で間に合わせることによって、簡単に占有率向上が可能になる。いったん間に合わせると、お得意様は「あの会社は力がある」と感じ、次回のピーク時にそなえて、平常時の注文を増やしてくれるものである。競争に勝つための最もやさしい作戦なのである。

だから、内外作区分は長期的な戦略として内作一対外作五（以上多い程よい）くらいは必要である。最低目標として内作一対外作二は確保しなければならないのである。これが実現したら、筆者がなぜ「外注は多い程よい」と主張しているかを、身

をもって知ることができることは間違いないのである。

## 設備投資の不利な点を知れ

A製作所は、オートバイのハブ・ブレーキの専門メーカーで、宮田自転車の「オンリーさん」であった。

多量生産品の宿命として、競争に勝つためには、親会社からの定期的な値下げ要求に耐えてゆかなければならなかった。

そのために、次々と新鋭機、自動機を導入し、そして窮極的には専用機化への道を歩まなければならなかった。こうなると、もうそれは、機能的には「プラント」といってよかった。違った種類の仕事は全く出来ないからである。

やっとの思いでプラント化を完成し、「やれやれ、これから収益があげられる」と思ったのも、つかの間であった。

宮田自転車の経営が破綻し、松下電器の傘下に入ってしまった。

松下電器は、宮田工業と改名して再建に入った。そして、まず打った手が、〃ア

## 5．外部情勢の変化に対応する安全性の確保をはかる

サヒ号〃の切捨てであった。

A製作所は、一瞬にして仕事の全部を失ってしまったのである。

私がA製作所に遊びにいったのは、それから一年程たっていた。その私をつかまえて、専務は嘆いた。

「一倉君、俺達はいったいどうしたら安心して生きてゆけるのだ。しゃにむに設備投資をして、能率化をしなければやってゆけない。

といって、その努力は、いつ状況が変ってフイになるか分ったものではない。ハブ・ブレーキにかわって、やっと見つけた今の仕事だって、ハブ・ブレーキの二の舞をふまないという保証は全くないのだ」と。

工場へ行ってみると、かつてのA製作所の武器であった、ハブ加工の専用機群が、全く休止し、ほこりをかぶって黒々とした姿をならべていた。社長や専務は、この有様を見るたびに、はらわたをえぐられるような気になることであろう。

その後のA製作所は、五年程頑張ったが、ついに倒産してしまった。ハブ・ブレーキの痛手があまりに大きかったのと、その後の事業が、もともと低収益であったために、人件費の上昇を賄いきれなくなったためである。

設備は、優れた武器であることはいうまでもない。そのために、設備投資の効用ばかり大きく叫ばれて、その反面の危険はほとんど無視されてきた。ここに大きな陥《おと》し穴があるのだ。

多くの経営者は、設備投資こそ生産性を向上させ、企業を繁栄に導くものであるという権威者（？）の言葉を信じて、ひたすら設備を増強した。行政指導も「設備近代化資金」を無利子で貸したり、「合理化モデル工場」というお墨付をだしたりした。

そのために「設備投資はいい事だ」とひたすら信じこまされて、設備を増強し、知らず知らずのうちに、大きな危険区域に踏みこんでしまうのである。

設備投資のまず第一の不利は、設備資金の金利、減価償却費、維持費などの増加と、設備を使う人の人件費などの固定費増加による損益分岐点の上昇である。第二には、設備資金の返済による資金繰りの圧迫である。不況による売上減少時などに、本当に骨身にこたえるという経験をお持ちの方は、相当いる筈である。

第三の、そして最も重大な不利は、変化に対応する機動力と弾力性がなくなっていくことである。

設備は、これが順調に働いてくれてこそ武器である。働かない設備ほど始末の悪いものはない。そしてその危険は常に外部にあるのだ。

市場は変化する。お客様の好みは変ってゆく。得意先の方針が変る場合もある。いつ、我社の設備でつくられた商品が陳腐化したり、あるいは全く売れなくなるか分ったものではない。多様化によってロット・サイズが小さくなって、高性能機の能力を発揮できなくなるかも知れない。（前章の塗装プラントの例がこれである）

このような場合に、設備はその弱点を顕わにしてくる。高能率を発揮できないのはまだしも、全く使いものにならなくなるおそれさえある。それが高度に自動化されていたり、専用機であった場合にである。その危険の度合は、高性能機ほど大きいものであることを忘れてはならないのである。

外部からいや応なしにくる危険だけではない。我社自らの方針転換や革新の場合にも、設備は手かせ足かせとなる場合もある。

以上のような危険を知らず、「現在の状態は永続する」と思いこみ、現在の状態をもとにして設備投資をする経営者は非常に多い。特に好況時やブームの時にこの誤りをおかしやすい。I化学の倒産がこれである。同社は、プラモデルのメーカーであった。〝鉄人二八号〟の大当りに次いで、〝サンダーバード〟のブームがきた。社長はこのブームに酔い、ブームはやがて去ることを忘れて、設備を大増設した。これが命とりになったのである。ブームが去った時に、ガタ落ちした売上げでは多額の設備資金の返済ができなくなってしまったのである。

小野田セメントの〝改良焼成炉〟は、多額の資金を投じて、それが設置された次の瞬間に、さらに性能のよい炉が開発されたが、今さらとりかえるわけにもいかず、このために小野田セメントは長期にわたって不利な立場に立たされ、業績不振に泣かなければならなかったのである。

設備投資の危険は、ますます大きくなってゆく。それだけではない。最近の地価・物価の高騰によって、必要な資金はうなぎ昇りである。場合によると、付近の住民から公害問題でつるし上げを喰うかも知れない。設備投資の不利益は大きくなるばかりである。では、どう考えたらいいのだろうか。実例に教わることにしよう。

武藤工業のドラフター（製図器）である。同社は、東京の世田谷区にある。市街地であるために、売上増大につれて、工場を拡張できなかったためであろう。部品は完全外注といっていい。社内でやっているのは、治工具の製作と総組立だけである。それでいて優れた開発力と、優れた販売力によって、高収益をあげている。

S印刷は工場を全然もっていない。全部外注である。しかし、優れた企画力と営業力によって、特色のある経営を行なっている。S社が売っているのは印刷物ではなくて、「印刷物の宣伝効果を売る」というのが社長の考えである。S印刷も、かつては工場をもっていた。その時は工場を働かせるために、不利と知りながらも、仕事をとらなければならなかった。S印刷の特色を発揮するためには、工場はむしろ〝お荷物〟だったのである。今は、その〝お荷物〟はなく、存分に特色を発揮できるという、行動の自由をもっているのである。

U工業では、会社創立以来ごく小型の部品やネジ類以外はすべて内作でやってきた。社業の発展につれて、その都度土地を買い、建物をたて、機械を買い、人を集める、という繰返しであった。ところが、最近社長はこのやり方に疑問をもってきた。まず第一には、そのために費やされる社長を初めとする幹部の時間と労力が、次第に大きくなってきて、その負担は大変なものになってきたからである。第二には資金である。何とか調達はできても、その返済のための資金繰りで、年中ギューギューいわされている。会計上では固定資産が増えても、それは増大する借金と見合っているのだから、本当の資産とはいえない。こんな苦労と危険をおかしてまで、次から次へと設備投資をしていていいのだろうか、というのである。

社長はいろいろ考えた末に、どうしても社内でなければできない作業だけを社内で行ない、それ以外は外注にしたらいい、という結論に達して、私に意見を求めてきた。私はこの考えに賛成した。

社長は、自信をもってこの方針を推進した。その結果は、まず第一に、いままでどうにも解決できなかった新事業のための必要設備の設置スペースが、たちまち浮いてきた。このために、新事業推進のメドが立ってきた。第二には、外注工場群の整備により、会社全体の生産能力が大きくなって、売上増大のピッチが早まった。第三には、外注工場には、それぞれきまった品種だけをやらせるようにしたために、いままで社内で段取り替えして、やっていた時にくらべて、生産性が格段に向上した。そのために、増加した外注費は減少した人件費以下でおさまってしまった。工場増設のための労力と資金がいらなくなった上に、いい事ずくめの結果が生れたのである。外注管理のための、僅かな管理コストと労力の増加という、ほんのチョッピリの代償で、この成果である。

私の頭の中にある理想的な経営構造の一つに「工場をもたないメーカー」というのがある。

設備をもち、材料を買って加工をするという形は、それが自社商品であれ、下請加工であれ、その本質は工賃かせぎである。

これでは、いつまでたってもウダツが上がらないだけではなく、増設増員、増加資金の苦しみと、変化に対応できない硬直化の危険に常にさらされていることになる。どうみても上策とはいえない。

それよりも、設備は止むを得ないもののほかは一切もたずに、自らは強い営業力と優れた事業開発力をかねそなえた「頭脳集団による経営」こそ賢明である。生産は、造ること以外に能のない職人会社にやってもらえばいいのである。

このような経営構造ならば、増設に伴う苦しみと危険がないだけではなく、損益分岐点は上がらず、変化に対応する機動力と弾力性を、常にもち続けることができるのである。

このような理想の姿ではないまでも、理想の姿をふまえて、頭脳集団化へ、一歩進むべきであろう。内作中心主義を捨て、まず外注、購買の比率を高めるところから始めるべきであろう。メーカーで大切なのは、社内生産能力ではなくて、外注購買をひっくるめた総合的な供給力なのである。

このような姿を実現するためには、高い収益性をもった事業、商品を開発し販売すればよいわけである。

このような、基本的な態度こそ、経営者として大切なのである。

# 六　戦略条件を強化する

## 戦略条件を強化する

経営戦略とは、「事業構造を高収益型にもってゆく」ことであるのは、すでに述べている。

しかし、構造それ自体の条件が適切でなかったり、大きな制約条件があったりすると、これらが高収益の障害となってしまう。

このような場合に、条件を変えるか、その条件を避けなければならないし、制約条件があれば、これを取り除いたりしなければならない。客観情勢が変れば、これまたその変化に合わせたり、成長の段階で壁にぶつかったりする。

順調に発展してきた会社でも、年商三十億から五十億くらいの間にこの壁がある場合が多い。その壁を突破すると、あとは青天井ということになる。というケースは多い。

それに、客観情勢の変化が大きな影響を与える。

それらの様々な状況において、成長と繁栄を実現してゆかねばならないのが社長である。我社の過去は捨て、新たな戦略をたてて、これを推進するというスクラップ・アンド・ビルドの基本的態度こそ大切である。

そのような事態に、どうしたらいいかを、実例をあげながら考えてみよう。

## 特化から総合化へ

S社は、婦人フォーマルウエア（礼服）で、業界の占有率はナンバー・ワンである。社長は女性である。

S社がナンバー・ワンになった秘訣は何であったか。フォーマルウエアが和服から洋服に変ったのはまず喪服からであった。当然のこととして、それは黒であった。この機会をとらえて、カラーを捨てて黒に絞るという大英断だった。

これが大成功につながった。毎年倍々の急成長をとげたのである。

黒のフォーマルウエアの成長が一段落した時をとらえて、カラーフォーマルに進出した。

機を見るのに敏である。カラーフォーマルは新しい市場であったが、これも和服から洋服への転換は確実に進み、これまた順調に成長した。

## 6．戦略条件を強化する

次は新たに小売に進出したのである。

同社の成功は、まずは商品を絞りこんで黒のフォーマルにしたことである。事業は、その初期においては絞りの原理により商品を徹底的に絞り、これに全力投球をすることこそ占有率獲得の基本的戦略である。敵に勝る資源を投入することができるからである。

これで、確固たる地位を築き、これの強味の上に新たな商品を導入し、これまた他社に優る戦力を投入することによって、相手に勝つことができるのである。会社としては総合化であるが、特定の商品にとっては特化と同じなのである。

この辺のところを十分に心得ていて、常に敵より優位に立つことこそ、賢明で効果的な戦略なのである。

S社長は、常に変化の方向とタイミングを誤らなかったのは、市場の変化とお客様の好みの変遷を、優れた勘と注意深い観察によって的確に把えていたからである。

如何に優れた能力を持っていようと、市場とお客様を見続けていなければ、その決定は誤ったものにしかならないのである。

## 行き詰りを土台として

Ｓ社は、人口一〇万余りのローカルの中心都市にある食品包材の納入業者であった。

社長の懸命の努力によって、その地区の占有率は九〇％にも達していた。さらに売上げを伸ばしたくとも、隣りの都市までは五〇キロもはなれ、しかも別の経済圏にあるのでは、まだまだ力不足である。

といって、このままでは事業は停滞して、上昇する人件費と経費を賄うことはできない。全くの行詰りの状態であった。

ジリジリと低下してゆく収益の中で、Ｓ社長の苦悩は続いた。

そんな、ある日、Ｓ社長は、ふと筆者のセミナーできいた「九五％の原理」を思い出した。Ｓ社長は､心の中で｢アッ｣と思ったのである。分析データーを見直した。そして今度こそ本当に「アッ」と思った。

得意先総数千三百社のうち、三百社で売上げの九五％をしめていたからである。残りの千社で総売上げのたった五％である。

この千社を切捨てれば、社員はおそらく半分ですむ。その半分の人間で新事業を営むことができる。

切捨ては、もしも社員に希望者があれば、独立させてこれに譲ることを考えた。幸いなことに一人の希望者があった。この社員に、まず半数の五〇〇社程を譲ることとした。

独立した社員には、S社の商品を卸してやり、決済は集金後とした。これで、運転資金は不要である。S社長は、独立する社員をつれて、この社員に譲るお得意先に挨拶廻りをして、責任はS社長がとることを約束した。お得意先は心よく了解してくれた。

この戦略は大成功であった。商売上の問題は何もなく、独立した社員の収入は、在社時の二倍以上になって大喜びであった。経費が大幅に少なくなったからである。

余った人員の中から、とりあえず二名で新事業の構想にもとづくテスト販売を担当させた。新事業というのは、周囲の山でとれる山菜野草を、業務用として、近くの温泉旅館や附近の割烹などを当面のターゲットとした。

これは、意外な程早く芽をふいた。若いセールスマンが、社長の方針通りの定期訪問を忠実に行なったところ、お客様から熱心だ、真面目だという評価を下され、これらのお客様から少しずつ注文があっただけでなく、地味ながら安定的な売上増があったのである。

この場合、食材の安定供給が大きな課題であるが、S社長は集荷の世話役を見つけてこの人にまとめを依頼した。これで集荷はOKとなった。

売上げが増加するにつれて、下拵《こしら》えの作業が増えたために、下拵えの作業場をつくった。作業場は明るい色に塗り、作業面で二千ルックス以上とした。パートさんを雇い、まっ白い頭巾、作業衣、白長靴で、出入口には靴の消毒槽をつくり、特別にピンク色のタイルを張った三人用の化粧台をつくった。パートさんは大喜びである。出勤時にお化粧をしてくるし、休憩時間などでは化粧直しをする。これがパートさんの楽しみとなって、一日中気嫌よく仕事をする。やめる人はいないということになった。

お得意の社長や校長が様子を見にこられる。むろん、衛生状態を見にくるのだ。そのお客様はビックリしてしまう。整然として明るく清潔で衛生状態に文句はない。

作業員はキチンと挨拶をする。みな安心し、感心して帰られる。

それらのお客様は、ここなら安心と、下拵えの依頼が続々と来るようになって、たちまち大忙しで手狭になってしまった。

お客様に誠意を尽すこと、特に明るく清潔な作業場は、お客様の大きな信頼をかち取ることができたのである。

一方、本家の方では、さらに五百社を独立希望の社員に譲り、三百社の得意先で売上高は殆んど変らずということになった。

余った人員で、今度は環境サービス事業を始めた。環境整備はお家芸である。これも、短日時の間に軌道に乗る見通しがついてしまった。

かつては夢にも考えられなかった三本脚の事業となり、事業は安定と成長の両方を手に入れることができたのである。

S社長は、事業経営に対する自信ができただけでなく、将来のS社グループの構想を描きはじめた。

「お客様が困っていることなど、いくらでもある。これを一つ一つ事業化し、お客様第一のサービスをすれば、事業の成功と発展は間違いない」

という自信が、この構想となっているのである。

S社長いわく、

「数年前までは、年商百億円というのは夢にも考えられなかったけれど、今では百億円はおろか、二百億でも三百億でも可能性を見られます」と。

## 戦略なき戦略

### 知恵と努力という戦略

T社（経営戦略の冒頭に紹介したアイスクリームのメーカー）の社長は、お客様廻りをよくしていた。

最近取引を始めたある食品店は、アイスクリームの売上げの伸び率がトップである。

T社長がこの会社にお伺いした時、丁度主人が店におられて、「よく来た、まあ上れ」と二階に案内され、丁度昼時だったのでビールと寿司をご馳走になりながら、ご主人の話をいろいろ聞くことができた。

このご主人は、かつては長距離トラックの運転手であったが、五十を過ぎた頃から仕事がシンドクなり、会社をやめた。

家では奥様が内職に小さな食品店を営んでいた。当然会社をやめたご主人が食品店主ということになった。

しかし、小売店の経験などないので、どうしていいか全く分らない。いくら考えても経験がないのだから、いい考えが浮かぶ筈はなかった。

考えては悩み、悩んでは考えていたある日、ハッと思い当ることがあった。それは、自分がトラックの運転手をしていた時に、「買物や食事には、どんな店に入ったか」ということであった。それは、「きれいで感じのよい店」だった。

「これだ」というよりも、これしか他には何も分らないのである。とにかく、「きれいで感じのよい店にしたらお客様はもっと来てくれるかも知れない」と。

これが非凡なところである。「お客様の立場に立って考え、これを事業に導入する」というのが、一倉式事業経営の基本だからである。

早速、仙台の街中をかけずり廻り、「これは」と思った店のカラー写真をとってきて、研究し、これと思われる内外装をし、照明を明るくし、陳列のマネをしたのである。そして感じのよい応対をした。効果はタチマチ現われて、お客様が増えてきた。

もう一つは、納入業者に「値段の高いものを持ってこい」という要求をした。これも成功した。この店は、他の店より一格上の店になってしまった。

この店の主人の言った、重要で、かつ一般の経営者では夢にも考えられないことを紹介させていただく。

「最近、この近くに大手のスーパーが進出してくるというので、同業の人たちは大恐慌を来し、われわれのような小さな店はお客様を奪われてつぶれてしまうというが、私にとっては恐ろしくも何ともない。むしろ大手の店がお客様を集めてくれるので、私のところの売上げも増えるから大歓迎だ」というのである。

私はT社長に申しあげた。「この食品店の主人は、名経営者だ」と。

## 「死にもの狂い」という戦略

それは、大阪市の一〇人にも満たない小さな〝おこし〟を作っている工場だった。

私がお伺いした時には、狭くてウス暗い工場で数人の従業員が仕事をしていた。商品をみせてもらったが、パッケージなど全く垢ぬけない。アイテムも僅かである。むろん売上げは振るわず、つぶれないのが不思議だった。

とりあえず、パッケージを親しい印刷会社の社長に事情を話して特別安くしてもらうように話をつけた。もう一つは、社長のお客様訪問である。そして、最大の得意先のスーパーにお伺いをたて、現在納めている商品の改良か新商品の開発をすることを申しあげた。

お客様を廻りはじめた社長の動きが変ってきた。何かを感じたのだろうが、私はソッとしておいた。

新商品の開発研究試作は、社長には持ち時間はなかった。昼はお客様廻りか製造である。夜しか時間はなかった。社長は夜の寝る時間を開発試作に当てたのである。気がついて見ると、東の空が白んでいることが、どれだけあったか知れなかったという。

試作品は、毎月行なわれる大阪での私の社長ゼミの日に、会場に来て私に批評を求める。

それが、数カ月続いた。出来上がった新商品は評判がよくて、今までにない売上げを記録した。

売上年計は順調に上っていったのである。

お手伝いを始めてから一年近くたった十二月のことである。大阪の私のセミナーの会場に来られた社長は、私の前に座ると、「お陰様で黒字転換をし、ボーナスも払えるようになりました」と言い終った時、ホロホローと大粒の涙を流されたのである。一年近い、文字通りの、寝る間を削っての死にもの狂いの努力の末の黒字転換だったのだ。感極まっての涙である。私も胸のつまる思いと喜びを同時に感じたのである。コンサルタントとしてこんな嬉しいことはないのだ。

# 事業構造を充実する

**我社の強味を生かし、弱味をカバーするスクラップ・アンド・ビルド**

常に事業全体を眺め、客観情勢の変化に対応する変革を行なってゆくことのみが企業を繁栄させ存続を可能なものにすることができる。

そのためには、

1、我社の現状分析から必要な基礎固めを行ない

2、まず商品と市場を限定して、この中で占有率を高めてゆく

3、次に、新しい商品と市場を開発して事業の複合を行ない、さらに総合化を行なう

4、事業全体を見直してスクラップ・アンド・ビルドを行なうことにより、市場に確固たる地位を築いてゆく

ことこそ、社長の役割である。この過程で、さらに我社の強味を発揮して弱味をカバーしてゆかなければならない。それについて、以下具体的な施策についてのべ

てみよう。

I社は婦人服のメーカーであった。

自前の小売店舗のチェーン式の展開をしていたが、次第に思わしい立地や店舗を得られなくなっていった。

I社は、自ら開発した店舗毎の販促ノウハウを持っており、これが大きな強味であった。そのノウハウは独得の商品差替システムである。

そこで、このノウハウを生かすために、パートナーとなる小売店を開発し、小売店側では店舗の提供と販売を受け持ち、I社では商品の提供と販売ノウハウの実施である。

これは、両者にメリットをもたらす。小売店は商品在庫の負担がなく、販売ノウハウはI社がやるので、陳列と販売に専念すればよく、I社は店舗の利用と販売ノウハウを自由に駆使することができることになった。

パートナーの小売店は息を吹き返し、これはI社の商品の売上増大をもたらす。

小売店では、死筋商品はドンドン姿を消してゆくので、店舗の活性化が実現し、システムの実施は、女子社員の全く機械的な作業で極めて簡単にできるのである。この方式は、コンピューターを使ってはできないのである。時系列データーの利用だからだ。コンピューターにできるのは断面データーの処理だからである。

事業経営においては、断面データーだけではできないことが多い。時系列データー又は時系列データーと断面データーの併用のほうが、遥かに大切なのである。

コンピューターの限界を知らなければならないのである。

## 昨日の敵を今日の友とする

N社はロール成型機のメーカーであった。

数社のライバルは一社を除いてすべて大企業か準大企業であった。そのために、常に大手からの価格面からの圧力があり、業績は思わしくなかったが、他にも商品があるために、何とかしのいでいたのである。この先多くを期待することはできない状況であった。

N社の機械の特色は、最終工程の切断機にあった。そこで、私は、「参考までに」

ということで「切断機の専門メーカーになって、業界全社の切断機を一手引受けとする」ことを提案した。

こうすれば、生産数の増加によってコストダウンの可能性が生れる。どこかの会社で、これを使わずに自社の分だけ作っていたのではコストの面でN社に負けることは明らかである。

こうして、業界全部をお得意様にすることができる。〝昨日の敵は今日の友〟となってしまうのである。しかも、次の発展の可能性が生れてくる。それは〝切断機〟の専門メーカーへの道である。

こうなると、自然に多くの業界にまたがることになって、事業は安定するだけでなく、収益面でも向上する可能性が高まってくることは誤りないことであろう。自然に高収益が生れるような事業構造の実現という戦略の勝利となるであろう。

## 商品価格と規模に合わせる

G社は土木工事業者だった。総勢二〇名程の小世帯で、私がお伺いした時には赤字で、それは体質ともいえるものだった。

競争が激しく、採算に乗らない工事が多いというのだ。

私は、物件価格別の粗利益高リストを作成してもらった。このリストが、G社はどうすべきかを明瞭に物語っていた。それにもかかわらず、G社長はこれと反対のことを考えていたのである。

リストは、三千万円以上、二千万円以上、一千万円以上、一千万円以下に分けてもらったのだが、三千万円以上の物件の粗利益率は一〇％にも満たず、価格が安くなるほど粗利益率は高く、一千万円以下は三〇％～五〇％もあった。

どの業者も高額物件を狙っていた。競争が激しいというのはこの高額物件であって、一千万円以下の物件は、どの業者も逃げ腰だったのである。

このような実態を、社長は全く知らなかった。ただ、他社と同様に高額物件を追いかけていたのである。

社長は、一千万円以下の低額物件に受注の重点をおくことに方針を転換した。間もなくG社は黒字転換したのである。

A社はスプレードライヤー（粉霧乾燥機）の専門メーカーであった。

A社長は、「一倉さんの占有率理論は我社には当てはまらない。我社の占有率は九〇％にも達するが赤字経営である」とおっしゃるのである。

この謎は年計グラフを見てとけた。大きく不規則な鋸刃状で、これはその会社の実力（規模）に比較して商品価格又は物件が高すぎる時に発生する。

製造や工事が大きいために、会社の資源（人・物・金・時間）の大部分をこれに投入しなければならず、そのために、それ以外の商品の製造は困難となって、それらのお客様に迷惑をかけて信用を失うだけでなく、売上げが立たなくなって、大型商品のみの売上げとなるために鋸刃状の年計になるからである。

仕掛期間は永くなり、売上代金はその間入らず、反対に仕掛在庫は大きくなって資金繰りを圧迫する。これが赤字の原因だ。まさに、〝百害あって一利なし〟なのである。

製品価格はいくらくらいかと聞いてみると、三億〜五億円くらいで、一億円以下はなるべく敬遠しているという。

何故、そんな高額商品をやるのかをただすと、図面を書く手間は、「〇《ゼロ》を一つ書くだけで十倍の金額の商品になる」という。僅かな製図費の節約のために、その何万倍ものロスを発生させて赤字になることが分っていないのである。

その点をよく説明し、では、どのくらいの製品価格がいいのか、算定基準の説明である。

「あなたの会社は百名である。適切な商品価格は一人一万円として百万円、これを下限として上限はこれにゼロを一つつけた一千万円である。この価格範囲の仕事をして、この基準の適否を確認すること。そうすれば、あなたの会社の業績を安定させることができる」と。

たまたま、A社の工場の空建物を他の会社に貸していたが、その会社は廃業するので、事業を継承しないかとの話があった。その商品――塗料用のロール磯――の価格をきいたところ、中型で五百万円だという。価格的にピッタリである。とりあえずこれを新商品候補として検討することにした。

むろんこれだけでなく、いくつかの新商品候補を探すこととしたのである。

T社は中型の除雪機のメーカーであった。

売上年計は中くらいの鋸刃状である。

大手メーカーの中での小企業なので限界生産者のために売上げ不足のための現象であって、必ずしも商品価格帯が高すぎるとはいえない。

これより下の価格というと家庭用になってしまい、これは多量生産的だからである。そしてこれには大手の先発メーカーが大きな占有率を占めていて参入不可能である。

といって大型進出には力不足である。どうすべきか、ということになる。

ただ一つの道は輸出しかない。これは、大手に押されている中小企業の生きる道の一つであり、成功例も数多い。テレコの赤井電機はアメリカで成功した歴史を持っているし、アイ・ビー・エムに押されたパソコンのアップル社は輸出に活路を求めた。洋の東西を問わないのだ。

私は、社長に勧めて欧米の市場を観察していただいた。その結果、ヨーロッパに進出できるという見通しを得ることができた。そして、これは成功したのである。

## 供給能力を整備する

これについては、〝内外作区分〟のところでのべたように、戦略的な意味をもっているのだが、さらにこれを進めて長期的な方針を持つ必要がある。

任天堂は、主力商品ファミコンの生産工場を持たずに、オール外注政策をとっている。

それは、非常に賢明な戦略である。ファミコンとて、永久にブームが続くわけではない。いつかは斜陽化するかも知れない。この時にもしも社内に生産工場を持っていたら、これが遊休工場になるという危険がある。オール外注は、将来起り得る可能性に備えていることなのである。

何でも内製ということは危険極まりないことである。

S社の商品の殆んどはボーダレス的で、国内産の原材料部品だけでできているものは殆んどなく、最もボーダレス的商品は、手掌の上に乗るのに、四カ国の部品からできている。これが高性能と低コストの両方を実現している秘密である。

こうなってくると、何が国産で何が外国産なのか分らなくなっている。何が輸出で何が輸入なのかきめられないのである。

# 七　不況期の戦略

# 不況期にも戦略はある

不況と好況は循環する。自由主義経済の特性である。

多くの社長は「不況期にどうすべきか」ということが分っていない。宿命と思いこんでいる。だから〝景気セミナー〟は常に人気がある。軽症か重症か、長びくのか短期で終るのかを知りたいからである。

宿命と思いながら、せめてもの対策をとるということになる。

値下げによるダンピング、経費節約、残業規制、外注品の引上げ、パートの減員、というようなところで、さらにはVA、平素は知らん顔をしているフォロー、メンテナンスを始める会社もある。付け焼刃だから、景気が回復しはじめると止めてしまう。大企業がよくやる手に、中小企業の事業に手を出すが、成功することはマレである。思い付きに過ぎないからである。あとはボヤキ……。

これでは、いかにも芸がない。どの対策もあまり効果がないのだ。

本当にそうなのだろうか。否、不景気には不景気対策という対症的なものはむろん必要だろうが、本当は不景気中でなければできないことや、やり易い戦略があるのだ。これこそ肝要である。それを次にのべることとする。


S社はワーキング（作業衣）の市販品の専門メーカーであった。

お手伝いを始めて三年目であった。過去二年間、過当競争から抜け出す戦略として高級化を徐々に進め、これがハッキリと効果をあらわしてきつつあった。そのために順調な売上増と収益性向上が実現しつつある時の三年目の不況で、売上げは頭打ちになってしまった。

競合他社は猛烈な値下げ競争に走り、S社長はこれに対しては値下げで対抗すべきかどうかで迷っていた。泥試合になる危険があるからであった。

どうすべきか、が私に対する相談であった。

私は、売上年計グラフによる状況判断をすることをおすすめした。S社は、商品別売上高年計グラフと、主要得意先別売上高年計グラフを作っていた。

まず、得意先別年計グラフの検討である。

グラフを見ている社長に対して、横からヒントを出した。「この不況でも売上げは上昇している得意先がありますね。また、横這いあり、下降ありですね。このように三つにグループ分けをして、それぞれのグループの共通的要因があるのかないのか、あるとすれば、それはどんな要因かをまず検討して下さい」と。

社長は、しばらくグラフを見ながら考えていたが、しばらくすると膝を叩かんばかりの様子で、「分りました。売上上昇グループは、我社がナンバーワンの納入実績をもっています。横這いと下降のグループは、我社はナンバーツー又はそれ以下の実績しか無いグループです」と。絵に書いたような〝占有率の原理〟があったのだ。

私は、「社長、この占有率の原理を覆すことは不可能です。だから、この原理に従った対策を立てるべきです。不況というのは市場の需要が減退した状態だから、売上増大の努力は全くの無いものネダリです。強いて売ろうとするから値下がりするのです。だから値下げで売るのは他社にまかせて、あなたの会社は、やがて訪れる景気回復にそなえて手を打つのです」と。それは次のようなことだった。

上昇グループは守りを固めて敵の侵入を防ぐ。売上横バイグループは、景気回復時にナンバーワンの地位を確保するために、今からナンバーワン会社の二倍以上の訪問回数を確保する（この点は、『販売戦略・市場戦略』篇で詳しくふれる）。三倍四倍ならなおよい。そして何よりも社長自身の訪問が大切である。下降グループは従来通りの訪問でよい、というものだった。

商品別売上年計グラフは、一目瞭然であった。安物ほど過当競争の影響で売上減少が大きかった。目立つのは、最近開発した高価格品二点の急上昇である。不況なんか全く知らぬげの売上状況である。

私が社長に対策を申しあげるまでもなく、社長は、「至急に高価格品の開発を進める」というものだった。何とも当り前のことである。

売上年計グラフは、かくも見事に方策を示唆していたのである。いままでの迷いとモヤモヤなど、どこかへ吹っ飛んでしまったのである。

ここで一言申し添えたいのは、不況対策に必要な資金をどう確保するか、である。

不足資金は銀行から借りてくるのが当り前であるが、ただ不況で資金繰りが苦しいから貸してくれではあまりにも芸がない。その時に、この年計表を持参して、状況判断と対策をのべるほうが借り易いのである。

このS社で、これより二年程前に行なって大成果をあげた備蓄戦略がある。

この年は冷夏のため夏物の作業衣の売上不振で、どこの会社でも夏物の売損ないのために在庫が増加してしまった。

私は、S社長にライバル会社の冬物に対する手当状況の調査をお願いした。縫製工場を一通り調べたら分ることである。

調査の結果は、どこの会社でも冬物の手当はかなり控え目であった。在庫恐怖症のなせる現象である。夏物の在庫増加を見て、どこの社長も「在庫を圧縮せよ」という指令を出していたのである。これを「社長のトンチンカンな指令」という。見境のない指令だ。夏物が余ったからといって、これを含んだ在庫圧縮をするのだから、当然冬物の生産を控えざるを得ないのである。これは、その冬に市場には冬物の大不足が起るのは目に見えている。

私は、S社長に冬物の備蓄を思いきって増やすことをすすめた。S社長は大幅な冬物備蓄増にふみきった。

十一月頃からの冬物の注文は、出荷が間に合わないほど殺到した。S社の完勝である。このことは問屋のS社に対する信頼感の増大をもたらした。そして翌年の夏物の注文の大幅増加をもたらした。これを契機としてS社の成長率は高まったのである。

一月になっても、まだ冬物の生産に追われて、夏物に切替えができず、夏物供給に支障を来しているライバル会社を尻目に、S社では十二月中に夏物切替の段取りを終えて、一月にはもう夏物生産に移っていた。その夏の商戦はどういうことになったかは、いうまでもない。

以後、この備蓄戦略は他社備蓄状況とにらみ合わせながら、毎年行なうようになったのである。

もう一つ〝在庫恐怖症〟を脱して、これがキッカケで繁栄を実現した会社の例を紹介しよう。

I社は、鉄骨製造を行なっていた。低収益を脱出するための、手っ取り早い手段は、春から夏の閑散期の解消だった。

九月になると仕事が殺到して、年度末まで納期遅れと受注辞退という有様だったのだから、作りだめできるものを作ればよいのだ。

そういうものがあるのかをきいてみると、それはかなり大量にあるという。なぜ、それを閑散期に作りだめしないのかをきいてみると、在庫金利が大きいからだという。在庫恐怖症である。

金利はどのくらいかかるのかを聞いてみると、計算してないという。計算をせずに、頭から思いこんでいるのだ。

そこで、私は説明しながら社長に計算していただいた。増分計算である。極めて簡単なものである。

そこに計算された金利は、社長にとっては信じられないくらい僅かなものであるだけでなく、経常利益の増加額まで明らかにされていたのである。

社長は、私の勧告に従って作りだめを決めた。

しばらくたった頃、主要得意先から、Ｉ社で作りだめをしているのは知らずに、作りだめ依頼について相談したいという話があった。先方の話は、きわめて低姿勢で作りだめの希望数量を出してきたが、それはＩ社で作ろうとしている数の半分にも満たなかった。

この作戦は大成功だった。利益は増大し、お客様は大満足だった。

それだけではない。お客様のＩ社に対する信頼が増大し、この年を繁栄元年ともいいたいくらいに、それ以後の注文は増加し続け、思ってもみなかった繁栄を実現することができるようになったのである。

## 供給能力の増大を実現する

Ｔ社は、小型の家具問屋である。

小型なるが故に中級品に焦点を合わせ、中級品の中でも箱物では地域ナンバーワンである。市場戦略的に非常に優れているために業績はよかった。（市場戦略については、拙著「一倉定の社長学」の中の『市場戦略・市場戦争』を参照されたし）

Ｔ社長の商品戦略は、高級品への進出であった。この決定も市場戦略的に正しい。

小型企業が低価格の実用品に手を出すのは誤りである。

ところが、その高級化が思うにまかせないのである。

高級品のメーカーは数少ないだけでなく、小型企業である。そして、すでに先発業者によってガッチリと押えられていて、なかなか割込むスキがないのだ。

「何とかならないか」というT社長の相談である。私は「待ち」の戦略を勧めた。それは〝不況待ち〟である。その前に、今からT社長の定期的なメーカー訪問が必要である。

そして、不況に入ったこと（得意先別売上年計グラフで分る）をとらえたら定期訪問回数を二〜三倍に増やしてゆく、という戦略である。

次の不況時に、これが見事とまではいかなかったが、二社の高級品メーカーと取引ができたのである。高級品というのは不況の影響をあまり受けないことを考えると定期訪問が効いたのかも知れない。

昔の人は「家を建てるのは不景気の時がよい」とわれわれに教えてくれている。これを現代に当てはめると、設備投資である。余裕がある会社ならこれである。光洋ベアリングは、オートバイ業界の不況期に設備投資をしたときいている。

外注工場の獲得も、不況期がよい。かねて狙いをつけておき、好況時からの定期訪問をし、不況期に訪問強化である。

冗談じゃない。不況期にそんな余裕がある筈がない、不況期には外注品を内製にするのが正しいのではないか、と思われるかも知れないが、それは長期的展望に基づく戦略のない会社である。これのない会社は、小器用には立廻れても、本当の意味での優れた経営ではない。数年毎に不況は訪れるのであるから、その時に対症療法で済ませるか体質強化をするかで、長期的に大きな差ができてしまうのである。

不況の時に外注品を内製に切換えなければならないようならば、我社の事業に何か大きな欠陥があるのだから、それを見つけだして直すことを真剣に考えるべきである。

それは、不況期の苦しさの中から、我社はどこが間違っているのか、を見つけだすことから始めるべきである。

それにはどうしたらよいだろうか。それは只一つ、そして最良の方法がある。〝お客様廻り〟である。お客様のところを廻って廻って廻り通すことによって見つけだすことができるのである。

# 過当競争緩和の手をうつ

K社はコンクリートの二次製品のメーカーである。

私がお伺いした時は、丁度不況期であった。

K社の事業部門の一つに〝ふっ素樹脂塗装〟があった。

その部門の現在の悩みというのは、ライバル会社の安値受注で仕事を奪われていることであった。その安値は、何と実勢価格の半分だということであった。どうしたらこれを防げるか、という私に対する相談である。

ライバルは小規模企業で受注促進活動などする能力も着想もなく、ただ安値一本でK社のお得意先を荒らしているのだという。

だからといって、K社で対抗値下げをしたら泥沼にはまりこんでしまう。これはできないのだ。

それならば、次のような手を打ってみたらどうか、というのが私の提案だった。

ライバル会社に対して、K社から実勢価格の二割安で仕事を応援してもらうという名目で注文を出すのだ。この価格なら恐らく受けるだろう。なにしろ実勢価格の半分で仕事をとっているのだからである。

これでもK社は二割儲かる。だから、この価格で仕事を出し続ければ、相手はおとなしくなるだけでなく、K社の下請ということになってしまうのだ。

この作戦を継続させるためには、K社の販売能力の向上である。

景気が回復してK社の仕事を断わってきたならば、今度こそライバル会社より安い価格で仕事をして、そのライバル会社の糧道を断つ、というのであった。

しばらくして様子をきいてみると、相手はおとなしくK社の下請をしているとのことであった。

それならば、K社の本業であるコンクリートの二次製品についてもこれを行なったらどうか、というのが私の意見であった。

K社は、ゼネコンから物件受注をするだけの規模を持っているのだが、不況期になると小規模会社が規格品のブロックを、とんでもない安値で横からゼネコンに持ちこむのに手を焼いていたからである。

うるさい会社を二～三社これをやるくらいの力はK社にあるのだから、やるべきである。そのためには、会社としての市場戦略を持たなければならないのである。

何処も同じ市場戦略の欠如である。こうした次元の高いことはそっちのけで、生産能力の向上や原単位の切下げという相も変らぬことだけにしか社長の関心がないのでは、いつまでたっても業績の安定も向上もないのだ。

K社では、大手の土木業者から粗利益率五％という考えられない低収益製品を受注していながら、何の手も打たれていなかったのである。

これでは社長不在といわれていてもいたし方がないではないか。

## 支払手形を減少させる

ある会社にお伺いした時に、決算書を見せていただいたら、支払手形が受取手形と割引手形の合計より遥かに多額で短期借入金はごく僅かしかない。

なぜ、こんなことをするのかと聞いてみたら、「コンサルタントの先生が、〝支払手形は金利のつかない資金調達法だから、借入金はなるべく少なくして支払手形を増やしなさい〟と勧告されたので」という返答である。

いまだにもって、こうした阿呆がいる。そして、これは危険極まりないことである。支払手形には金利がちゃんとついているのだ。それは、買入価格の中に含まれているくらいのことが、どうしてわからないのだろうか。

会社は借金ではつぶれない。支払手形のみが会社をつぶす危険のある唯一の資金調達法である。

会社の安全を計るのが社長の最も大切な役割の一つであることは、いうまでもない。それには支払手形を減らし、できれば〝ゼロ〟にすべきである。

私は、社長に勧めて支手退治に方針を変更していただいた。支手が実質的に〝ゼロ〟になった時に社長は「一倉さん支手がゼロというのは、こんなにもスガスガしい気持がするものなのか、全く考えられないことです」と私に語った。これは、支手をゼロにもっていった多くの社長の共通の感想である。

支手をゼロにするには、長期的にジックリと腰を落して計画的に進めるべきである。目標としては、支手の回転率を一年に〇・五〜〇・三回転程度向上させることは、安定的な利益を出している会社なら、それ程難しいことではない。これと、不況期のスポット戦略の組合せである。

長期的な方法はいろいろあるが、分り易いのは〝裾切り法〟である。まず、大口の支手発行先は後廻しとして、すべての支払先について、まず一〇万円以下は現金払いとし、三～四カ月続けた後に二〇万円以下、また二～三カ月続けて三〇万円という要領である。

こうすると、「今月は支払にいくらの現金が必要か」を簡単に計算できる利点がある。その上、たちまちのうちに支払先の大部分が現金払いとなってしまう。パレートの法則がここにもある。大部分の会社に対する現金支払が実現すると、それらの会社の協力態度が目に見えてよくなってゆく。現金支払の威力を知ることができるのである。

こうしてゆくと、裾切りの対象会社がみるみる減少し、新たに増える現金支払金額は、ごく少額ですむのである。

そのうちに、割引手形が減ってきて、それに伴って手持手形が増えてゆく、という誠に好ましい状態になってゆく。手持手形という〝見せ金〟を持っているのは実に心強いし、銀行も安心する。

このようなことを何年か続けてゆくうちに、不況が訪れる。循環不況は必ずあるからだ。

不況期の前半は〝金詰り〟である。どこでも在庫資金がいるからだ。金利が高いだけでなく、銀行は貸し渋る。この時のことが潜在意識の中に埋没していって、これが在庫恐怖症になるのかも知れない。

不況の予測は、売上年計グラフを見ていれば、これのない他社よりも三カ月や四カ月早く気がつくから、早めに在庫節減と在庫資金手当を、これまた他社に先がけて行なうことができる。手持手形という武器が威力を発揮するのも、こういう状況の時である。

不況は、減産と在庫資金の返済が進むことによって底を打つ。不況の前半は在庫調整分だけ、実需よりも生産が少ないが、やがて実需と生産がバランスする。これが景気の底入れとか底打ちといわれている現象である。実需より少なかった生産が、実需とバランスするだけ行なわれるようになるので、景気は回復してゆく。景気が回復すると、流通業者は在庫の積増しを、メーカーは原材料の手当増を行なうために景気はさらに上昇してゆく。

生産にハズミがつき、実需を上廻ってゆく。こうして、流通在庫とメーカー在庫がある限界を越えると、流通業者の買控えが行なわれる。これが景気の頭打ちである。

しかし、メーカーの強気の見通しは、過去の売上増大をもとにしているだけに、なお増産が続き、これが品物のダブツキをひき起す。いよいよ不況本番となる。

以上が景気循環の基本的なパターンで、これに、農産物の豊作や不作、好況時の設備投資の行過ぎ、国際収支、政治（アメリカ大統領の選挙）で軍備の拡大や縮小、不況対策による公共事業、巨大建設プロジェクト（飛行場、巨大橋、ダムその他など）が様々に組合わされ、影響し合って景気の動向がきまってゆく。

しかし、経営者が、それらのことにいちいち注意を払っていたら、肝腎な事業経営がおろそかになってしまう。

それらの情報は、新聞、経済誌、景気セミナーなど、社長本来の活動を損なわない範囲にとどめるべきである。いくら研究しても景気自体をかえることはできないからだ。

大切なことは、不景気の初期、中期（底入れ）回復期の兆候を知ることと、それに対応する戦略を知ることである。その戦略の一つとして支手減少がある。

景気の初期の在庫調整が進むに従って金融がゆるんでゆく。銀行は金がダブツクようになってゆく。金を遊ばせておくのは勿体ない銀行は貸し出しを積極化したり、株式投資をしたりする。これが〝不景気の株高〟という現象である。

借手市場になっているので金利は低くなる。銀行の決算期が重なってくると、支店長までお客様のところを廻って貸付促進を行なうようになる。

この時がチャンス。金利を値切って多額の短期借入を行ない、これを支手退治に使う。短期借入でも、こういう時は銀行は返済などしてもらわないほうがよいのだから、長期借入より金利が安いだけ有利である。

支手を減らし、割引をへらして資金繰りの安全性と安定性を高めるのだ。

さらに、金利の高い時の長期借入金を繰上返済し、改めて金利の安い長期借入をする。この分金利負担が軽くなる。

この戦略は、やってみれば分るが、意外なほど有利である。

この有利な方法をとらないウカツな会社がかなりある。経理を一切経理部門や担当者に任せている会社である。

危険な支手を増加させるのは平気で、安全な借金は増えることを気にするという、経理担当者の習性は、妙なものである。経理がきらいなのは「借入金」という言葉と文字であって、支手や割手は増えてもあまり気にしない。支手というのは買い入れ会社に対する借用証であり、割手というのは受手を担保にしての銀行借入れなのにである。

支手減少は、実は資金運用から見れば資金構造の健全化である。資金繰りは発生した借金を精算するという後始末業務である。

社長たるもの、このことをよくわきまえて、資金繰りは任せても、資金運用は明確な方針をうち出しておいて、その実施を経理部門にやらせる。というのが本当である。

そうでないと、金融緩和時のチャンスをみすみす逃してしまうことになるのである。

支手が車輌などの割賦手形を除いて、実質ゼロになった時には、新たな大きなメリットが生れる。

資材納入業者や、下請工場の態度が一変してしまう。物凄く協力的になり、たいがいのことは二つ返事できいてくれるようになる。

平成二〜三年の超人手不足の建設業界で、工賃金額現金支払の会社では、協力工場や下請業者は常に最優先協力をしてくれた。つまり、人手不足などなかったのである。これが会社の信用を大きく増進させ、業績向上を招来したのである。

銀行は競って融資をしてくれるし、金利は下げてくれる。

私のすすめで支手をゼロにした社長は、口を揃えて「支手がないというのは、こんなにも楽なものなのだろうか、全く思ってもみなかった」とおっしゃるのである。

つぶれる心配のない会社になったからである。

# 八　我社の事業を定義づける

# 我社の事業は何か

L社は、F県の中央部の小都市にある電話架設業者であった。

極度の業績不振で、どうしていいか全く分らないというのである。

物凄い過当競争で、頼みの綱である交換機の新設も、粗利益率三〇%は必要なのに、たった一〇%くらいにしかならず、全く採算ベースに乗らない。あとは電話の架設とメンテナンスであるが、架設料は知れており、メンテナンスに至っては「そんなものはサービス（無料という意味）じゃないのか」といって、手間賃にもならないくらいの少額にしかならないというのである。だから、半年も放ったらかしているメンテナンス依頼があるという。全くの八方ふさがりのような状態に陥ってしまっていたのである。

私の勧告は次のようなものだった。

「このような事態に陥ったのは、すべてあなたが自ら招いたものだ。あなたは事業家としての責任を果していない。半年もメンテナンス依頼を放っておくとは無責任もいいところだ。

お客様の要求を果そうとしないで何が行詰りだ。メンテナンスにロクな料金を出してくれないというが、あなたの方でもらう気がないのだ。（聞いてみると事後に料金を請求しているという。）料金は事前に見積書を出して、料金が折合わなければ工事をせずに帰ればいい。これが取引というものだ。料金をきめずに仕事をする方が悪いのだ。メンテナンス依頼があったら即時出向し、事前に採算のとれる見積書を提出し、承認を得たら誠意をもって工事を行なうのだ。やりきれない程メンテナンスの仕事があるのだから、引合わない交換機の仕事などしなくともよいではないか」と。

とにかく、このようにして様子を知らせてくれるように申しあげた。

これで事態は解決してしまった。メンテナンスだけでやっていけるようになった。

それだけではなかった。誠意のある仕事ぶりがお客様に認められ、「こんなに面倒見がいいなら、交換機も頼む」ということになって、交換機の特命受注がくるようになった。料金は三〇％のマージンがあった。

事業は軌道に乗った。そこで、セールスマンにリュウとした紺のブレザーで、無論ワイシャツにネクタイといういでたちで、こちらから受注活動を開始した。すると、不思議なことが起った。電話機だけでなく、電卓などの事務用機や什器類、消耗品から、はてはテレビまで持ってこい、ということになった。まるで便利屋である。

社長の頭は混乱しだした。「我社の事業はいったい何だろうか」ということである。「何でも屋」では、いかにも情けない、というのである。

ローカルなテリトリーでマーケットの密度が低いために、諸事不便のため、事業所の様々な什器類や用度品も調達に面倒なため、L社のセールスマンに「ついで頼み」としていたのを、〝お客様サービス〟という会社の方針に従ってセールスマンがこれに答えていたために、便利屋的な習慣のようなものがついてしまったのである。

私は、「そんなに気にかかるなら、一倉があなたの会社の事業を定義づけてみよう。それは〝事業所施設の総合サービス業〟だ。事業はお客様の要求を満たす活動だ、電話機や交換機を買って下さるお客様が、それ以外の什器や用度品が欲しいといわれるのは、有難いことだ。需要あるところ事業ありだ。それらをすべて引っくるめたサービスがあなたの会社の事業なのだ。

さらに、ワープロやパソコン、ファックスなどのOA機器がある。防火、防犯、警備保障から、リフォーム、メンテナンス、給食、旅行、廃棄物処理、その他いろいろある。その全部をやるわけにはいかないが、これらの中から新しい事業の生れる可能性なきにしもあらず。それらのことまで考えるのが社長というものだ」と。

電話と交換機の架設業だと考えていたのでは、その中にとじこもってしまって発展はない。〝事業所施設の総合サービス業〟と考えてこそ発展があるのだ。

L社長のモヤモヤは吹っ切れてしまった。

事業というものは、それぞれ何等かのお客様サービスを行なっている。そのサービスの本質を明確に表現したものが〝事業の定義〟である。

定義づけのメリットは、まずサービスの質が向上することであり、第二には幅が広く、深味が増すことである。

この定義で我社の事業をチェックしてみると、それは定義の意味するところの、ほんの一部であることに直ちに気づく。

L社の場合に見れば、お客様から頼まれるままに用度品やら什器やら電話機を納めていたのでは、事務用品と什器と通信機ということになり、「あなたの会社は何をやっているのか」というお客様の質問があった場合に、明確に答えられない。何でも屋――便利屋ということになってしまう。

それを、「事業所施設の総合サービス」と定義づけをした途端に便利屋ではなくなり、対象とする扱い商品の個がグンと広がり、関連した活動として、リフォーム、メンテナンス、清掃、というような〝活動〟が加わってくる。事業の幅が広くなり、深味が増して、やろうとすればこれらの活動がごく自然に事業の中に加わってくる。便利屋とは大きく違って、事業としての骨格と肉づけができてくるのである。成長と繁栄への道も開けてくるのである。

事業の定義づけの必要性がここにあることを知らされるのである。

L社長は〝我社の事業〟についての認識が全く改まり、自信がつくようになった。

この自信が大きな推進力となり、中核の通信機事業がシッカリとした足どりで成長を始めた。

占有率が高くなるにつれて、これが自然に同業他社への無言、無意識の圧力となり、廃業する会社が出てきて、その会社の社員だった人々が「使ってくれ」とL社を訪れてくるようになり、自然に増員が可能となってきたのである。これがさらに、社員の志気を高め、職場の空気を明るくしていった。

この空気の中から、社員の新しい動きが生れてきた。若手の中から「パソコンの勉強をしたい。社業には絶対に支障を起すようなことはしないから、手すきの時間に同志が集まって研究したいから許可してほしい」という希望が社長のところへ上ってきた。

社長は喜び、願ってもないことと許可をした。これが新規事業に成長するかも知れないからである。

数年前には、全く行詰ってどうにもならなかった会社が、今では明るい将来を期待できる明るく、活動的な会社へと変ってしまったのである。

それは、お客様の要求を満たすという会社本来の任務に目覚めたことと、事業の定義づけを行なったことによって発展への正しい道を発見したことによるものであった。

## 自分で値段をきめられる事業をしたい

N社はビルの塗装業で、私がお伺いした時には極度の業績不振に泣いていた。ゼネコンと官公庁が主要得意先であったが、ゼネコンは請負とは名のみ、実際にはゼネコンの予算に合わなければ受注は事実上不可能であり、しかも追加工事や変更は殆んどが無料であった。

官公庁はゼネコンよりは価格的にはよかったが、仕事は順番待ち同然なので、積極的な拡販はできなかった。

社長は、その当時のことを「お先まっくらで、倒産を待つより他に方法はなかった。仕事上のおつき合いでするゴルフも、スコアはメチャクチャ。ティーショットのアドレスでも、頭の中はゴルフなど全くなく、行詰った我社のことでいっぱいでした」と私に語って下さった。

私は、「自分で値段の決められない事業と販売活動が不可能な事業では、何をどうしてもダメなことは当り前だ。自分で値段の決められる事業をしたくないか」と分りきったような質問をした。社長は、「それが分らないので、どうしたらいいか困っている」と。

それでは、ということで、私は過去三年間の受注票があるというので、それを持って来ていただき、一枚一枚繰っていくうちに、一枚の伝票が目についた。マンションの塗り替え受注票である。

マンション塗り替えの受注活動をやったことがあるかをきいてみると、それはやったことがないとのことだった。とすると、これは先方から飛び込んできた注文であると考えられる。

こちらでは何もしないのに、向うから飛びこんで来たということは、シンデレラ(商品分析のところでのべてある)の資格がある。

私は、社長にこのことを申しあげて、次の二つの事に関する情報を手に入れるように頼んだ。

一つはマンションの塗り替えに関するもの、もう一つは、東京都の中小型ビルの数である。

調査の結果分ったことは、マンションは建築後八～一〇年で塗り替えること。その費用は、入居者の自治会があって積立てを行なっており、浄化槽の掃除とか、建物の塗り替え費用に当てるということ、塗り替え費は八〇〇万円～一五〇〇万円くらいとのことである。

東京都の中小マンションの数は約二万棟あるということである。

私は、社長に「この仕事はあなたの会社の新事業として考えてみる価値がありそうだ。価格は十分に引合いそうだし、東京都の中小ビル二万棟が一〇年間に一回塗り替えるとすると、年間二千棟。その一割をとったとすると年間二〇〇棟、一パーセントとしてさえ年間二〇棟に、一棟一〇〇〇万円平均とすると二億円である。

社長は、試みにやってみることとした。

受注活動は、自動車をもっている女性を一名募り、車にかかる費用は一切会社持ち、休日のプライベート使用のガソリンは会社指定のガソリンスタンドを使えば会社持ちとした。

定期巡回は、会社の指定する物件を一カ月一回訪問し、マンションは自治会長のところ、会社は総務責任者を訪れる。受注ノルマはなしとした。一〇年間一二〇回訪問で受注の可能性は非常に高い。定期訪問の威力である。

仮に、一人一ヵ月一回の表敬訪問で、一〇年間に一回塗り替え受注をとれるとしたら、一日一〇社、一週五日としたら、一週間五〇棟、一ヵ月四週として二〇〇棟訪問だから、一ヵ月一・六棟の受注が見込まれる。これは簡単な確率計算である。

社長は、女性パート一名、男性の嘱託一名で巡回を始めた。

この巡回は、八ヵ月後に三棟受注、さらに二ヵ月後に一棟受注となった。訪問は一棟一ヵ月に一回だから、訪問八〜一〇回でこの成果である。

まだ巡回を始めたばかりで一ヵ月〇・五棟の受注である。二年後、三年後はこれより多くなるのは間違いない。

この市場実験の結果は、誰が考えても「ゴー」である。セールス人員を五人くらいにしたら、その成果は期して待つのに十分である。事業として立派に成立する可能性を見ることができる。定期訪問の威力である。

社長は勇気づけられた。塗装工事の現場にもシバシバ出かけた。すると、そのマンションの入居者から、いろいろな修理の依頼があった。建築した会社に依頼しても、なかなかきてくれないので困っているというのである。

このような依頼をお受けしているうちに、社長は「これは事業になる」と考えるようになった。

この修理メンテナンスを始める時に、私からきいていた〝我社の事業〟の定義づけを思い出し、「我社の事業は〝中小ビルの総合メンテナンス〟である」と定義づけた。

マンションの塗り替えに始まったこの仕事は、〝マンションの総合メンテナンス〟という事業に成長したのである。

それから十年後、社長からいただいたお手紙を紹介しよう。

拝啓

クリスマスも終り、今年もあと僅かばかりとなりました。

異例の暖冬で外部作業の方は大助かりです。

一倉さんのご指導のお蔭で、集合住宅、特に民間マンションの改修工事を専業として、東京及び東京近郊で営業活動を始めてぼつぼつ十年になろうとしております。

お蔭様で下請から脱出し、元請として小さなマーケットの中ですが一応トップグループの立場で営業させていただいております。

今後は、小さなマーケットですので、もう一本事業の柱を作るのが、これからの仕事と考えております――（後略）

永年の念願であった「自分で値段をきめられる事業」を作りあげ、さらに新たな事業を考えることができるようになったのである。

事業というものは、始めは力がないのであるから専業としてこれに全力投入するのが最も成功の可能性が高い。これを「集中の原理」という。成功したら新たな事業をこれに加えて総合化を行なう。これが正しい順序であり、堅実な戦略であるといえよう。

## 二頭立ての馬車

O社は二〇〇名程の鉄工所であった。

製品は多彩で、それぞれが特色をもっていた。といえば聞こえはいいが、本当は手当り次第にいろいろなものを手がけたという感じで、何ともまとまりの悪い製品構成で、次のようなものだった。

1、船舶用エンジンのピストンピンの焼入
2、ロール
3、省力機械
4、ロール成型機
5、中型船の燃料ポンプ駆動装置
6、砥石《といし》用金型
7、自動車部品のプレス加工

というものだった。それぞれに簡単な説明を加えておこう。

1、焼入

船舶用エンジンのピストンピンの焼入で滲炭《シンタン》焼入だった。ドイツのマーグ炉を使って深さ六ミリという素晴らしい技術をもっていた。とび離れた世界一の技術である。

世界中に、マーグ炉を使っている会社は多いが、すべて一・五ミリしか滲炭できないというのだから、O社の技術は全くの独断場なのである。六ミリ滲炭によって、ピストンピンの寿命は三倍に伸び、オーバーホールのためのドック入りが減るという驚威的なメリットがあるということである。

2、ロール

フォーミング・ロールを主としているが、将来他業界への進出を狙っていた。

3、省力機械

自動制御装置だけを作っており、本体は作らない方針で、現在使用している機械に自動制御装置を取付けていた。

4、ロール成型機

フォーミング・ロールによる成型（リムなど）機で、ロータリーカッターは特許品で、他社の追随を許さない高性能を誇っていた。

5、中型船の燃料ポンプ駆動装置

世界でO社だけしか作っていないという世界占有率一〇〇％だが、成長は望めない安定需要品。

6、砥石用金型

小規模の安定需要品。

7、自動車部品のプレス加工

安定的低収益品で合理化日本一を目指していた。

というものだった。

たった二〇〇名で、これだけのことを行なっているのだから、何もかも中途半端になるのは当然である。

それだけに、事業を再編成してビジョンを確立すれば、期して待つべき大きな可能性があるのだ。

その可能性の最大なものは、深滲炭である。世界中の、どの会社でも実現できない六ミリ滲炭という絶対的ともいうべき強味である。

安価な普通鋼が、深滲炭によって強度が格段に向上することによって、高価な特殊鋼以上の役割を果すからである。

場合によっては特殊鋼業界の様相を一変してしまうかも知れないのだ。何しろ特殊鋼でできているピストンピンの耐久度の三倍の強度を持っているのだ。無限の可能性を持つ深滲炭を、たった一品のピストンピンの焼入加工という下請仕事に甘んじているのだから、「猫に小判」どころの話ではないのだ。

超スケールの超高級の市場をどう事業化するかこそ、社長の価値を決定するのだ。

全世界の総ての先進工業国に膨大な需要が見込めるのだが、私はその手始めに国内向けのキャンペーンを行なって国内の需要を呼び起すことを提唱した。

そのための体勢として、とりあえず工場に隣接するブドウ畑約四千坪の買収を必要とする。マーグ炉は、計画的積極的な増設を行なうべきである。それと並行して滲炭技術者の養成を最重点施策として推進しなければならない。こうして、国内需要に答えることが第一段階であり、次には諸外国の市場の開拓と供給体勢の整備計画というよりは、グローバル戦略を練ることである。無限ともいえる需要に応ずることこそ、男子一生の本懐ではないだろうか。

もう一つ、大きな可能性がある。省力機械である。工作機械のＮＣ化（数値制御）

がようやく実用段階に入ったところであったが、これも無限の可能性を秘めているのである。

NCからMC（マシニングセンター）、ロボット・CAD・CAMとそのマーケットの将来性は計り知れない。

この、電子制御機械類を、O社のもう一本の柱として強力に推進すべきである。これは、民生品、ビジネス機器などの量産品は避けなければならない。自社品ならば必ず大手に喰われてしまうし、下請加工などは低収益だからである。

工業品（加工機器、制御機器、測定機器など）でなければならない。これらは大手の苦手とするだけでなく、高収益が見込めるからである。しかも製品の種類は極めて多岐にわたり、高性能品を開発すると、長期的にリーダーの地位を確保できる可能性が大きいからである。つまり、中小企業から中堅企業にとっては最も体質に合った安全有利な事業だといえるのである。

右以外の製品は、それぞれ独立したものと考えればよいが、そのスケールはあまり大きくないし、マーケットも安定的である。

以上の考察から、私は左のようにO社の事業を定義づけることを社長に提言したのである。それは、

我社の事業は、〝深滲炭と電子制御〟であるというものである。

ロール、ロール成型機、燃料ポンプ、砥石《といし》金型、プレス加工も、右二つと無縁のものではなく、簡単に関連づけられるだけでなく、その中に組込むことができることは、機械関係の方なら、誰でも分るのである。

この定義づけに基づいて、O社の事業を見直すと、「手当り次第にいろいろなものを手がけた」事業が、明確なビジョンを持ち、洋々たる可能性をもったスケールの大きな総合企業に変貌してしまう可能性がある。O社の事業は、文字どおり「ボーダレス企業」なのである。

## 専門より総合へ

G社は、軸付砥石《といし》の専門メーカーだった。

軸付砥石は、ハンド・グラインダーに使われるものが多く、小型で形状は様々な

ものがあり、しかも多種にわたるものである。

マーケットは小さく、しかも手作業が多い。そのために大手の砥石メーカーは殆んど手をつけず、いわば〝スキマ〟商品である。だから、これは中小企業の領分である。

私のお手伝いは、商品構成に関する基本方針からであった。

今のままでは遠からず壁にぶつかって、増大する人件費、経費を賄いきれなくなる危険があるからだ。どうしても〝総合化〟をしなければならないだろうが、大手の領分に喰込んでもダメであることは目に見えている。非力の中小企業で占有率を確保することなど不可能だからだ。

では、どうしたらいいか、ということになるのだが、こうした場合にも、〝事業の定義づけ〟が必要である。

私はＧ社長に対して事業の定義づけの必要性を説き、「あなたの会社の事業は軸付砥石ではない。精密仕上である」と申しあげた。

この定義づけがＧ社をかえたのである。

この定義づけを胸に、社長はお客様を廻りはじめた。すると、今まで気がつかなかったことが次々に見えだしたのである。

まず第一には、「砥石《といし》メーカーは研削機のことを知らず、研削機のメーカーは砥石のことを知らない」ということだった。

新しい視野からの観察により、まず第一に取上げたのは、超砥粒といわれている人造ダイヤモンドで、ダイヤモンドに次ぐ硬度を有している。この人造ダイヤモンドから難研削機の高能率加工用の砥石が生れた。これは、ロックウエル硬度六五という難物を削れる。その上、超鋼の二百倍もの性能がある。砥石に切粒がつかないという特長をもっているのである。

この超砥粒は、単に砥石だけでなく、刃物（専門語では刃具という）を作るという用途があり、軸付砥石専門の時には考えられない商品である。こうして、砥石屋から、精密仕上屋に変ったのである。

これがさらに分れ、鋳鉄、鋼の加工用と、非鉄金属（アルミニウム、銅など）、非金属（ゴム、ガラス繊維強化材料、木材）、加工用と分れ、さらに応用製品として耐摩耗部品（チャック爪、センターレスブレード、各種シューなど）を生み、寿命は超鋼の二百倍という驚威的なものである。

右は、みな社長自らお客様のところを廻って、お客様の要望や悩みを教えてもらったところから生れたものである。

お客様の要求はさらにエスカレートして、難物の「ファインセラミックスの加工をしてくれ」というのである。これは、多様な形状や用途に応じて、その加工具、砥石、刃物などが必要で、一般の工場では手に余るものである。G社長は「一倉さん、うちは砥石屋だか加工屋だか分らなくなりました」と私に話して下さった。

お客様の要求は限りなく高まってゆく。右にあげた精密加工は、次第に超精密加工へと移ってゆく。そして、サブミクロン（〇・五ミクロン）の時代に入ってきた。G社の技術もこれに伴って超精密化してゆく。

このような独自の分野で実績をつけてくると、お客様はG社に対しても一般用研削砥石を要求するようになる。G社は自社製だけでは間に合わなくなり、イギリスの最大の砥石メーカーであるユニバース社の製品を扱うようになって、ボーダレス化が進む。こうして総合化が進んできた。

さらに、工具研削盤、ドレッサー、精密濾過《ろか》装置などの周辺の製品まで揃えておくようになった。

　こうして、軸付砥石《といし》専門だったG社は、事業の定義づけ——精密仕上——を契機として専門メーカーから独得の強味を持つ総合メーカーへと大きな発展をとげたのである。もしも、この定義づけをしなかったなら、恐らくは現在の繁栄があったかどうか、である。

　G社は、この繁栄とユトリをふまえて、いま、新たな市場に対して新たな挑戦を始めている。それは、いたずらな拡大ではなく、将来起るかも知れぬ危険に対処できるようにするためなのである。

## テレビコマーシャルの行詰りを……

　S社は、テレビのコマーシャル・フィルム製作を行なっていた。

　軽妙なウィットと確かな技術、そして何よりもお客様を大切にする姿勢により、お客様の信頼は厚く、優れた業績をあげていた。

　社長は、現在の我社には何の心配もないのだが、次第に物足りなさを感じてきた。

何か新しい事業を行ないたいのだが、それがなかなか見つからずに、行詰りを感じていたのである。

そのような悩みを抱きながら、私の〝社長セミナー〟に参加されていたが、経営戦略の中の〝我社の事業を定義づける〟をきいているウチに、「ハッ」と思いついた。

「そうだ、我社の事業を定義づけなければならない」と。

そして、それは〝我社の事業は映像である〟というものであった。

いままでは、自他ともに〝コマーシャル・フィルム〟と思いこんでいたために、そこから抜け出せなかったのだ。それを、映像と定義づけた途端に、コマーシャル・フィルムという幕は取払われて視界が大きく開けたのである。

まず第一には、コマーシャル・ビデオである。これを思いついた時には目の前がパッと明るくなった感じであったという。

まず手がけたのは、輸出品のビデオ・フィルムであった。S社には、他社のうらやむビデオ・スタジオがあるのが、たちまち活用できるのである。

輸出品の商談の際に、最大の障害は言葉である。性能や機構の説明という一番肝腎なところは、専門知識のない通訳では、まず不可能である。これでは商談は進まない。

その点ビデオは十分に練った説明を吹きこめばよい。しかも、どこの国の言葉であろうと吹込自由である。

テープは、VHS方式とベーターマックス方式の二種類を用意すれば、大抵の国で通用する。

輸出をしている企業にとっては心強い武器である。ビデオの第一号は、生理用品の製造機械のメーカーだったが、これを使ってアッという間に商談がまとまり、「こんなによい販促法はない」と大喜びをされた。

輸出だけでなく、国内向けでも威力を発揮する。たった十五分か二十分（これくらいの時間が限度で、これ以上長いとマイナス効果が生れる）の短時間で済むという大きなメリットがある。相手の理解度は、他の手段よりも遥かに大きいのである。

ビデオ製作前に、S社長は十分にお客様の要望や狙いをきき、綿密な打合わせを行なったので、お客様の評判も上々だったのである。

新事業はこれだけではない。ビデオ・パネル、立体映像、CG（コンピューター・グラフィック）といろいろあるし、コマーシャルだけでなく、重要事項の記録や映像シミュレーションもある。

こうなってくると、ビデオ・スタジオの活躍の場も広くなるという関連効果もできた。

経営計画書は社長をはじめ全社員を変えてしまうが、企業の定義づけは、その会社の事業を変えてしまう。

この二つは、相互に影響し合いながら、様々な面で大きなプラス、いや革新さえも行なうことができるという、大きな可能性を生んだのである。

# 九　我社の事業を考える

# 社長が外に出てみたら

## 第一話

S社長も大方の社長と同じように、お得意先にはほとんど顔を出さなかった。私のすすめでお得意先を廻ってみたところ、S社の主力商品に対する評価が非常に高いことを知って、意を強くしたのであるが、全く思ってもみなかった苦情も同時にきかされたのである。それは、英語のカタログしかないのは困る、日本語のカタログを出してくれ、ということであった。S社は売上げの半分が輸出であるために、英語のカタログがあるのは当然として、それで国内も間に合わせていたのだから恐れ入る。小売店の話によると、いくらS社のセールスマンにいってもきいてくれない、というのである。セールスマンはお客様の要望を無視していたわけである。ウソのような本当の話なのである。

## 第二話

「いやぁ、驚きました。一倉さんにいわれて、何年ぶりかでお得意様を訪問したら、我社の内部管理の欠陥が指摘されて、一言もなかったのです」というK社の社長の言である。それは、次のようなことだったのである。

ある有力得意先の社長から、「お前のところは、うちからの問合せの電話の返事がすぐにきけたためしがない。いつも少々お待ち下さいだが、少々どころか、いつも散々待たされたあげくに、満足な返事がきけたことは少ない。いったい何をやっているのだ。それに品切れが多くて困る。しかも、その補充がなかなかできないのはどうなっているのか。この仕入先別の電話料をみてくれ。(何かの仕かけをして、とれるようになっているらしい)お前の会社が群を抜いて一番だ」という苦情をきかされたというのである。

常時事務所にいて、社員の仕事ぶりを知っているつもりだったのに、実は分っちゃいなかったのである。

社員の仕事ぶりというものは、こういうものなのだ。社員同士が暗黙のうちに、お互いの仕事上の手落ちや怠慢などを、社長に対してかくすのである。私にも経験がある。もともと馬鹿正直な私は、仕事熱心のあまり本当のことを報告する。もしも、これが他の誰かの手落ちとか、やり方のまずさを明らかにするという結果になると、その人からいや味をいわれる。自分ばかりいい子になるな、というわけである。K社でも、あまりしばしば品切れの報告など、本当のことを書くと、お互いにまずいことになるので、実態をかくしてごく内輪の報告が、社長のところに上ってくる、という寸法なのである。

だから、社長がいくら社内で目を光らせていても、実態をつかむことができなかったのである。しかも、社員のこのような態度は直ちにお客様への迷惑となり、これが会社の信用を落すことになっていたのである。

### 第三話

L社はプレハブ住宅の販売会社である。会社創立以来数百戸を売っている。それにもかかわらず、社長も営業担当常務も、それらのお客様のところへ、一度も行ったことがないという。「お客様からのクレームはないか」ときくと、ずいぶんあるとのことである。それらのクレームは、それぞれの担当者の段階で処理されているという。これはいけない。こんなことをしていたら、会社の信用は地におちてしまう。

私は、「社長と営業担当常務に、今までに売ったすべてのお客様のところへごあいさつに伺うのが本筋だ。お客様にとっては、恐らくは一生にただ一回の、しかも最高額の買物の筈である。それ程の買物に、お客様が果して満足しているかどうか。たくさんのクレームがあるところをみると、相当の不満をもっている筈である。それらの不満やクレームを、社長が自らきいてそれらに対処するだけでなく、我社の商品とサービスの向上に向けるべきだ。社長は相当なお客様のお叱りを覚悟でごあいさつに参上すべきだ。それが、あなたの会社の繁栄に必ず役立つのだ」と強力にすすめた。

私のすすめに従って、お客様訪問をした社長は、お客様の、あまりに激しい叱責に、こんなつらい思いをしたことはない、とぼやいていた。しかしお客様のクレームに応えてこれを処理して改めて参上すると、応接間に通され、お茶を出されて、お礼をいわれたという。そして、このようなお客様の〝口コミ〟を、L社は期待できるのである。

## 第四話

Ｇ社長も〝穴熊社長〟であった。社長の関心の最大のものは、社員をいかに教育し、動機づけを行なうか、にあったのである。だから、常に社員の心構え、社員の自覚、社員の自主的な行動を説き、要求していた。

私に対する相談も、当然のこととして社員に関することであった。そして、「社員がなかなか社長の思うような行動をとってくれない。どうしたらいいか」というようなことが最優先であった。

私は社長に直言した。「社員の姿勢をいくら要求しても社長自身の姿勢が悪ければ、社員は姿勢を正さない。まず社長自身の姿勢を正すことこそ大切である。社長が姿勢を正せば、社員は自然に姿勢を正す」

そして、「社長の正しい姿勢のまず第一は、お客様の方を向くことである。そのためには何をおいても社長は外に出なければならない。デパートとスーパーを廻って、我社の商品がどんな状態かを社長自身の目でたしかめてみてごらんなさい」とすすめた。

私のすすめに、社長も何か感じたのだろう。社長はデパートとスーパーの売場を廻りはじめた。

しばらくしてから社長の感想をきいてみた。社長は、「全く情なくなりましたよ。我社で精魂をこめて作った商品が、あんな取扱いをうけているとは。今の今まで全然知らなかったのはウカツ千万です。しかし安心しました。あんなことで、これだけ売れているのだから、売場の管理をよくしたら、まだまだ売上げが増加する可能性がありますからね」と答えた。

そして、撮ってきたカラー写真を私に見せながら、いろいろ説明してくれた。この写真は掲示板に貼り出された。それ以後セールスマンはいままで廻ったこともなかった売場を廻って写真をとり、これを報告書につけるようになった。

それだけではない。セールスマン自身が売場の整備を心がけた。その結果、頭打ちしていた売上げがジリジリと上がりだしたのである。

## 第五話

P社長よりの手紙の一部

○先生のご命令に従って工場を空けていたお蔭で、目下のところ会社は多忙を極めております。
○仕事も忙しいが金も忙しい。但し小生の身体は暇です。
○暇ですから来年のことを考えつつ、あちこち遊び廻っております。

この手紙は、昭和四十九年十二月にいただいたものである。

この年は、石油危機によって、戦後初めてのマイナスの経済成長の年で、倒産、一時帰休、解雇など全国に起った年である。

特に、十月頃から景気が一段と落ちこんでいたのである。しかも、P社は家電業界という、最も大きく落ちこんだ業界に相当高い比率の売上げをしている。

このP社が、この時に多忙だというのである。それは社長が外に出ているからなのである。私と会うまでは、社長も内部管理重点型であった。それを、私のすすめで外に出るようになったのである。

今では、世界中に出かけて、有利な商談をまとめては、会社に放りこむのである。

Ｐ社長いわく、

「一倉さん、うちの商品が外国に出廻っている割に知名度が低いことが分りました。ブランドを売ることを怠っていたのですね」と。

## 第六話

拙著『社長の条件』の冒頭にでてくる〝能率主義の危険〟のＳ社の話を追加しよう。

Ｓ社は、本田技研のオンリーさんだったのである。その限りでは、社長は合理化とコスト・ダウンに取組んでいればよかった。

しかし、オンリーさんではどうにもならなくなり、私のすすめにより事業方針を転換したのである。

新しい事業方針は、営業活動が推進力になければならなかった。

私は社長に、「営業は営業担当者に任せておけばいいのではない。社長がその先頭に立たなければならない。社長が得意先を開拓し、営業担当者がこれを守るのだ」と強調した。

しかし、私がいくらすすめても、社長は外に出ないのである。もともと技術屋であり、人づき合いは苦手なのである。仕方がないので、私が社長の首に縄をつけるようにして、引っ張り出した。といっても、私としたら社長ばかり相手をしているわけにはいかない。そこで、とにかく、どこでもいいから、社長の知り合いのところへ行って、「新しい仕事をしたいから、何かあったら声をかけてもらいたい」とだけアイサツして下さい、ということになったのである。知人ならできると思ったからである。

さすがにこれだけはできた。そして、それが高収益製品の受注に結びついたのである。というのは、社長の知人が豊田通商におり、この人にアイサツしておいたところ、この人からの話で、矢崎総業から、ペーパーサイザーの熱交換器のパイプをもらったのである。これで、S社は一気に高収益会社に変貌してしまった。

これ以後、S社長は自ら進んで外に出るようになった。

# 我社の安全性を忘れて

## 第一話

L社はカメラ業界のシニセであり、かつての名門会社であった。

戦後、韓国に韓国L社という別会社をつくり、そこで造った商品の大部分を輸出していた。ところが、その六〇%を、あるバイヤーに依存していた。これが破綻のもとになったのである。

そのバイヤーは、L社で高率なマージンをとっていることを知っていたので、韓国L社を乗っ取りにかかったのである。その手段は、まず注文を半分にすることであった。L社も韓国L社も、たちまち苦境に陥ってしまった。そこへ、会社買取りの話をもちこんできた。社長は、何とか持ちこたえようと、八方奔走したが、どうにもならず、ついに資金繰りがつまってしまい、辛苦して築きあげた会社を、ムザムザと手放さなければならなかったのである。実質はオンリーさんであり、その弱味を狙われたのである。

企業戦争とは、このように非情なものだ。社長はこの非情さを肝に銘じ、自らの会社を守るために、我社の弱味はどこか（L社の場合は、得意先の一社依存度が高すぎたこと）をよくよく考え、自らの努力によって、これをなくしてゆかなければならない。そして、それには永い時間がかかるものなのである。それを怠ると、その報いが、いつ破綻となって表われるか、分らないのである。

**第二話**

J社は通信機の部品をつくっていた。主要得意先はN社で、売上高の六〇%を依存していた。

石油危機によるインフレ対策として、強力な総需要抑制策がとられ、電々公社の事業予算が大幅に削られたために、N社の売上げが急減し、当然のこととしてN社からJ社への発注は一挙に三分の一に減少し、アッという間に赤字転落である。

単一業界の一社依存という、変化に対応する力が最も弱い企業体質だったのである。

人間というものは、ある仕事で喰えると、その状態がいつまでも続くと思いこむ動物らしい。特にそれが成長業界である場合には、黙っていても仕事は自然に増え、会社は大きくなってゆく。そして、その状態に安住してしまう。ここに危険がひそんでいるのである。

その上、日本の会社の共通的な欠陥として、いつの間にか間接人員が増えてゆき、これに伴って冗費がかさんでゆく。

J社の場合もそうであった。その上もっと悪いことがあった。それは、〝商品政策〟が全くなかったことである。全く始末に負えない程の多種の商品をかかえこんでいた。

私はこれを、〝ダボハゼ経営〟と名付けている。何でも喰いつくからである。

成長業界に安住し、無為無策に過したことが、この結果を招いたのである。

これと反対に、家電業界のS社では、テレビの先行きを見越して、鋭意、テレビの仕事を意識的に減らし、電子レンジの将来性に目をつけてこれに力を入れてきた。石油危機によるテレビを初め諸々の商品の売行不振にもかかわらず、電子レンジの売上急進によって、業績をカバーしたのである。

そして今、S社長は、「電子レンジが予測以上に伸びたので、我社はこれで助かった。しかし、その反面、電子レンジの頭打ちが予測より早くなることは間違いない。今のうちに、電子レンジの頭打ちをカバーする商品を開発しなければならない」と私に語った。

社長は、我社の現状だけを見ていたら、大変なことになることを、よくよく自らにいいきかせ、我社の将来の〝メシの種〟を探し、育て、実らせなければならないのだ。

それが社長としての最も大切な役割なのである。今日のことなど、赤字でない限り、社長にとって大した重要性はない。大切なのは、あくまでも会社の将来の収益なのである。

**第三話**

W社は印刷業界では中堅どころの会社である。順調な発展をしてきたが、ある年から業績が次第に下がりはじめ、翌年には、ついに大幅赤字となり、三年後には、大手術でもしない限りもうどうにもならないくらいにまで重症になってしまったのである。

三年にもわたって業績が下がり続けたのに、その間ほとんど何の手も打たれていなかったのである。

これは、凡庸な社長の責任であることはいうまでもないけれども、W社の業態が悪かった。悪い意味は二つある。一つは、カレンダーが主力であったということである。つまり、完全な季節商品で、秋口にピークがあるだけである。その他の期間は売上げがガタ落ちしてしまうのである。それでも、戦後しばらくの間はよかったが、印刷業界を万年不況に陥れる事態が起った。他ならぬ通産省の施策としての、印刷業界の構造改善の推進である。一口でいえば、設備近代化である。これによって、印刷業界の設備は急速に近代化されていった。そのために、業績の供給力は格段に上がった。しかし、マーケットの需要はそんなに伸びない。結果として供給力過大となって、過当競争に陥り、業界は長期にわたって低収益に苦しむことになったのである。お役所仕事なんてこんなものだ。恐らくは、観念論をふり廻す学者の意見か何かをきいたのだろうが、産業界にはマーケットというものがあることを全く忘れた施策である。

この長期不況の中でも、人件費はそれとは関係なく上がり続けたのだからたまらない。

その上、季節商品の場合は、どうしてもピーク時に稼がなければならないので、これに合わせて設備人員を確保するようになる。そのための人件費、経費の重圧がかかってくる。さらに悪いことは、閑散時には社員は仕事のペースを落してしまい、遊んでいることはないように見えるものなのだ。そのために、これ以上仕事を増やす必要はないような錯覚をおこすらしい。

こうして、季節商品なるが故の低収益、高費用と、季節商品なるが故の病根不感症になってしまっていたのである。

もう一つの悪い意味は、赤字不感症である。永年にわたって、年間の大部分の月は赤字で、その赤字を数カ月で取返す、というパターンの繰返しである。そのために、閑散期に大赤字が出ても平気である。この不感症は恐ろしい。

私がお伺いした時は、もう手のつけようのない程に業績が悪化していたのである。尋常一様の手段ではどうにもなるものではない。私は、社長が蛮勇をふるって大手術をする以外にない、と勧告せざるを得なかった。いうまでもなく、〝縮小〟である。

この縮小均衡は、かつての石油危機不況期に、多くの会社で行なったのであるが、私は次のような現象を発見した。

優れた社長は、まだ赤字にならないうちに、将来の危機を見越して、サッと手を打つ。平俗的な社長は、赤字におどろいて、これに踏みきる。凡庸な社長は、ピンチに立ってもまだグズグズしている、ということである。

## 第四話

D社はオートバイメーカーH社のオンリーさんであった。しかも、その仕事というのが、農機具の部品である。これがそもそもの間違いなのであった。農機具部品だから悪いのではなくて、H社にとっては、農機具は季節変動をカバーするクッション商品にしかすぎなかった。農機具業界では、完全な限界商品であり、H社としてもそれでよかったのである。

本命商品はオートバイである。オートバイにも中程度の季節性があり、冬場は売上げが落ちる。その時に余る人員を、農機具に廻していたのである。

オートバイの売れゆきは、閑散期といえども年によって違いがある。それが農機具にひびく、ということになり、不安定極まりないのであった。

H社の本命ならざるクッション商品、しかも農機具自体が季節商品である。それにD社の社運を全面的にかけてしまったのである。

D社の寿命は数年しかなかったのも当然である。

D社の破綻は、われわれに得意先と商品の選定について、貴重なことを教えてくれる。

オンリーさんがいけないのは、分りきったことなので、ここではおくとして、得意先の本命商品でない限り、我社の本命商品にしてはいけないということを教えてくれる。オンリーさんであっても、せめて農機具とオートバイの両方をやるべきだったのである。本命商品なら、自らのメシの種だから真剣だが、クッションや内職仕事では、いつ得意先自らの都合によって、簡単に捨ててしまうか、分ったものではないのだ。

ところで、この教訓は単に下請加工業についてだけでなく、自社商品をもっている会社にも当てはまる。というのは、代理店、特約店についてである。

もしも、あなたの会社の商品が、代理店、特約店にとって、収益の上で魅力のないものであれば、力を入れて売ってくれることもなければ、先方の都合でどうなるか分ったものではないということである。

この現実を、メーカーは恐ろしい程認識していない。我社のことを考えてくれない代理店や特約店に、我社の運命を左右する販売を任せているのだ。私は、このような会社を多く見すぎている。というよりは、このことに関して、正しい認識をもっている会社は、ほとんどないといえるのである。

では、この現実をふまえた正しい認識とは何であり、企業はどのようにして、我社の販売を増大させたらいいのだろうか。

〝物をつくる〟ということは、それがいかに難しかろうと、あくまでも〝社内〟の問題である。しかし、「売る」というのは、社外に対してである。我社の運命を握る販売をどのようにすべきか、こそ重大問題である。そしてその解明は『販売戦略・市場戦略』篇で詳述することとする。

# 我社の収益を確保する

## 第一話

Ｔメッキの社長は〝変り者〟といわれている。

というのは、一定限度以上の仕事は、誰が何をどのように頼んでも、頑として受けつけないのだ。

そのかわり、引受けた仕事は必ず納期通り仕上げる。電解液の調子が悪かったとか、工員が休んだから、というようないいわけはＴ社長にはない。実際には、このようなことが起るのにである。

だから、その点での信用は絶対的である。どの会社でも、思わぬ手違いなどが発生して仕事が遅れることがある。このような時に、何としても納期を確保しなくてはならない仕事の処理に全力を尽す。

このような状況の時に、Ｔメッキの存在は有難い。いざという時に、こんな心強いことはない。そのためには、平素から実績をつけておかなければならない。そこでどの会社でも、まずTメッキへの仕事を確保し、残りを他の会社に廻す。

このようにして、Tメッキは常に一定量の仕事を確保して、忙しすぎることもなければ、仕事がなくて困ることもない、という安定経営を続けているのである。

## 第二話

N社は従業員六十人程の冷凍食品のメーカーである。先々期、先期と二期続けて赤字であり、今期（私のところに相談があった期）にも赤字はエスカレートするばかりで、このまま続けば倒産は必至という状況であった。

N社の主力商品である「コロッケ」が、いかに努力しても採算に乗らないばかりか、不採算の度合が大きくなってゆくからである。

ご多分にもれず、社長はコロッケの生産合理化とコスト・ダウンに、懸命の努力を払っていた。

何処も同じ合理化病、コスト病である。

私は、そのような努力は社員にまかせて、社長が取組まなければならない事——採算性のよい商品の開発——をしなければならないことを勧告した。

社長は私の勧告を理解した。そして、当面の策として、コロッケの高級化を図った。

これは、得意先の了解をとりつけるのに苦労したが、現商品との二本建てということで、やっと話がまとまった。その結果、高級化に成功、たちまち採算性が向上し、とにもかくにも黒字基調にもっていった。

次に、さらに採算性のよい商品を開発するに当り、この経験と、同社の歴史をふまえて社長を説いた。

N社の出発は、冷凍の中華料理、つまり、すぶた、かにたまなどであった。それらは採算ベースに乗り、小さいながらもやってゆけたのである。この時に、社長が考えたのは、中華料理では客層が限られていて、売上増大に多くを望めない。何か売上高を大きく伸ばす商品はないか、と考えて市場を調べたところ、最も多く売れているのはコロッケである、ということが分った。そこでコロッケに切換えたのである。

これが間違いだったのである。たくさん売れるものは、価格が安く、収益性は悪いにきまっているのだ。それを、大型設備で大量生産して数でこなして、はじめて採算がとれるものなのである。小さな会社で全力をあげたって、数は知れている。それに、市場が大きいだけに占有率は低く、ブランドを売ることは難しい。低い占有率では、しょせん限界生産者の域を脱することなどできないのである。それなるが故に、大手業者より低価格で流通業者に売らなければならず、何かといえば流通業者から値下げ要求がでてくる。とても採算などとれるものではないのである。N社の赤字は当然の成り行きだったのである。

小さな会社が大きな市場を狙うのは全くの間違いなのだ。大きな市場は大きな会社が狙うものなのだ。小さな会社は小さな市場を選び、その中で高い占有率を確保するものなのである。N社が初めに中華料理を手がけたことこそ、本当の行き方だったのだ。だからこそ黒字経営ができたのだ。もう一度中華料理に戻ることこそ本当であり、これをふまえた上で、市場の小さな商品と、高級品を狙うのが最もよいというのが、その内容だったのである。

## 第三話

K社の事業は包装用材としてのラミネート品である。

K社長の方針は、「小さな市場で大きな占有率を」というのである。社長は、自らの方針に実に忠実である。数ある商品のすべては、小さな市場、特殊品などである。そして、素晴らしい高収益をあげている。

ところが、初めのうちは小さな市場であっても、その中から大きな需要が生れてくるものがある。チョコレートの箱に使う紙とプラスチックのラミネート品は、この例である。当然大企業が乗り出してきた。K社長はこれに対して、「当面は身分相応の量に限定する。そのうちに大企業が増産して値下げをしてくるにきまっている。その時には捨ててしまう。大企業と競合するような馬鹿なことはやらない。そんな暇があったら、特殊需要を見つけだして、これを満たす商品を開発して、十分な収益を少しの売上げで確保する」と私に語った。

ついでに紹介すると、特殊製紙は中堅どころの製紙業者であるが、その社名の通り、特殊なものしかやらない。証券や株券などの用紙、コンピューターカードという調子である。

同社の社長の最も重要な仕事は、一年か二年に一度、収益性のよい特殊紙を開発することであるという。賢い社長の考えることは違うものだな、と感心するのである。

## 第四話

市場と占有率の話が出たついでに、大企業のこれに関する認識が、どの程度のものかを紹介しよう。

ある中小企業にお手伝いに上がった。その会社は家電関係の下請が主な仕事で、その中に東芝の電子オルガンがあった。

私は、これをみて、土光社長を買かぶっていたことに気がついた。東芝再建に乗りだしてからすでに五年にもなるのに、こんな商品をかかえていて、何が再建か、というのが私の感想であった。

電子オルガンは、日本楽器が圧倒的な占有率を誇っており、他の数社はいずれも限界生産者なのだ。天下の東芝ともあろうものが、何で限界商品など、後生大事にかかえているのか。こんなことをしているから、経営がおかしくなり、また再建も進まないのは当り前である。占有率の原理を知らない社長といわれても、弁解の余地はないであろう。

東芝の事業を見ると、限界商品がゴロゴロしている。エレベーターなどは、この典型である。

東芝自体は大きくとも、その一つ一つの事業、一つ一つの商品を見ると、占有率の低いものがたくさんあるのだ。つまり、小さな事業が数多く集まって、全体で大きいだけなのだ。

だから、不況でいち早く影響をうけて業績が低下する。「不況に弱い東芝」といわれる根本原因はここにあるのだ。

東芝の経営者が、占有率の原理を認識して手を打たない限り、いつまでたっても優良企業にはならないのである。

次に、日本の代表的優秀企業といわれている立石電機について、占有率の原理をどの程度知っているかを見よう。

同社は、かつて〝ハカリ〟に手を出したことがある。そして、メチャメチャなダンピングをやって業界を混乱させ、中小企業者を泣かせた末に、採算に合わないのでやめてしまったのである。後に残ったのは、ダンピングによってもたらされた低価格であった。

〝ハカリ〟のような小さな業界で、いくら占有率を高めたとて、その売上げの絶対額は知れたものである。ましてやダンピングなどして収益などあがるものではない。バカらしくなってやめてしまったのである。

もしも、社長が、市場規模と経営規模に相関関係があることを知っていたならば、立石にとっては小さすぎるハカリ業界などへは、初めから乗り出さない筈である。不勉強も甚だしいと言わなければならない。

社長の不勉強によって、業界がかき廻され、業績低下に泣いたハカリ業者のことを、社長は考えたことがあるのだろうか。

商品こそ事業経営の柱である。商品によって会社は収益をあげるのだ。とするならば、我社の商品の一つ一つについて市場原理にもとづき、その将来性、収益性を、社長自らよく調べて、取捨選択を社長自らの責任と意思において行なわなければならないのだ。社長にとって、商品選択こそ最も基本的で、最も重要な決定なのだ。

会社が大きいから、一つ一つにまで目が届かないとか、権限を委譲しているのだから、というようないいわけは、一切通用しない筈である。

事業経営の全責任を負う社長にとって、絶対に自らやらなければならないことが二つあることを忘れてはならない。一つは、事業、商品の取捨選択であり、もう一つは〝人事〟なのである。

右の二つの決定を任せるなどとは、社長としての責任放棄以外の何物でもないのである。

# 丸井のスクラップ・アンド・ビルド

「丸井はどこ、駅のソバ。駅はどこ、丸井のソバ」というコマーシャルで、同業他社をくやしがらせた月賦会社の丸井は、成長性だけではなく、優れた収益性を誇っている。

同社の出店政策の基本方針は、

1、商業立地第一主義

2、チェーンの拠点漸進主義

3、大型総合化主義

4、スクラップ・アンド・ビルド主義

の四つである。

そして同社は、この基本方針に基づいて、昭和四一年から顧客ニーズに応えられない小型店の整理統合と、市場特性に対応した大型店づくりを進めてきた。

わたしの手元にある資料から、同社のスクラップ・アンド・ビルドの足跡をながめてみると、次のとおりである。

※「拡大」は移転、増改築による店舗大型化を示す

| | | |
|---|---|---|
| 昭和四一年一月 | 吉祥寺北口店 | 閉鎖 |
| 二月 | 横須賀店 | 新設 |
| 七月 | 新井薬師駅前店 | 閉鎖 |
| 八月 | 自由が丘店 | 拡大 |
| 九月 | 沼津店 | 新設 |
| 四二年三月 | 土浦店 | 新設 |
| 〃 | 浦和店 | 拡大 |
| 九月 | 宇都宮店 | 拡大 |
| 四三年二月 | 所沢店 | 拡大 |
| 三月 | 小田原店 | 新設 |
| 四月 | 前橋店 | 新設 |
| 七月 | 西小山店 | 閉鎖 |

| | | |
|---|---|---|
| 四三年八月 | 下北沢店 | 拡大 |
| 〃 | 成増店 | 拡大 |
| 九月 | 蒲田店 | 新設 |
| 一二月 | 西荻窪店 | 閉鎖 |
| 四四年二月 | 清水店 | 新設 |
| 七月 | 玉電大橋店 | 閉鎖 |
| 八月 | 厚木店 | 新設 |
| 九月 | 静岡店 | 新設 |
| 〃 | 沼津店 | 拡大 |
| 一二月 | 荏原店 | 閉鎖 |
| 四五年二月 | 立川店 | 新設 |
| 〃 | 熊谷店 | 新設 |
| 〃 | 池袋東口店 | 新設 |
| 〃 | 川越店 | 新設 |
| 〃 | 千葉店 | 拡大 |

| | | |
|---|---|---|
| 四五年六月 | 中野本店 | 拡大 |
| 七月 | 水戸店 | 新設 |
| 十月 | 土浦店 | 拡大 |
| 〃 | 立川南口店 | 閉鎖 |
| 一二月 | 高円寺店 | 閉鎖 |
| 〃 | 三鷹店 | 閉鎖 |
| 〃 | 豊田店 | 閉鎖 |
| 四六年二月 | 渋谷店 | 拡大 |
| 〃 | 八王子店 | 新設 |
| 四七年五月 | 中野本店 | 拡大 |
| 六月 | 宇都宮店 | 拡大 |
| 八月 | 川口店 | 新設 |
| 九月 | 前橋店 | 拡大 |
| 〃 | 自由が丘店 | 拡大 |
| 四八年五月 | 新宿家具センター | 閉鎖 |

| | | |
|---|---|---|
| 四八年八月 | 川越店 | 拡大 |
| 九月 | 柏店 | 拡大 |
| 四九年五月 | ニュー新宿店 | 新設 |
| 八月 | 浜松店 | 新設 |
| 九月 | 清水店 | 拡大 |
| 十月 | 船橋店 | 新設 |
| 〃 | 厚木店 | 拡大 |
| 五〇年二月 | 小田原店 | 拡大 |
| 〃 | 清水店 | 拡大 |
| 五月 | 横須賀店 | 拡大 |
| 一一月 | 郡山店 | 新設 |
| 五一年六月 | 横須賀店 | 拡大 |
| 九月 | 渋谷店 | 拡大 |
| 五二年一月 | 池袋東口店 | 閉鎖 |
| 二月 | 池袋西口店 | 拡大 |

| | | |
|---|---|---|
| 五二年四月 | 所沢店 | 拡大 |
| 〃 | 新宿インテリア館 | 拡大 |
| 五三年二月 | 津田沼店 | 新設 |
| 八月 | 所沢店 | 拡大 |
| 九月 | 吉祥寺店 | 拡大 |
| 五四年九月 | 藤沢店 | 新設 |
| 五五年五月 | 横浜店 | 拡大 |
| 九月 | 町田店 | 新設 |
| 五六年九月 | 横浜店 | 拡大 |
| 五七年九月 | 大宮店 | 新設 |
| 一二月 | 新宿下北沢館 | 閉鎖 |
| 五八年二月 | 所沢店 | 拡大 |
| 六月 | 成増店 | 閉鎖 |
| 九月 | 錦糸町店 | 新設 |
| 五九年三月 | 新宿インテリア館 | 拡大 |

五九年三月　新宿スポーツ館　拡大
六〇年四月　渋谷店本館　拡大
五月　川口店　拡大
七月　船橋店　閉鎖
八月　上野店　新設
一二月　大宮店浦和館　閉鎖
六一年七月　前橋店　閉鎖
一一月　戸塚店　新設
六二年七月　宇都宮店　閉鎖
十月　八王子ヤング館　拡大
一二月　千葉店　閉鎖
六三年三月　川崎店　新設
一二月　熊谷店　閉鎖
平成元年三月　国分寺店　新設
七月　蒲田店　閉鎖

平成元年九月　大井町店　新設
一一月　新宿店　拡大
平成二年三月　渋谷店　拡大
四年二月　草加店　新設
九月　新宿店フィールド　拡大

平成四年までの二七年間に、閉鎖二一店舗、新設三一店舗、大型化増設増改築四〇店舗に及んでいる。その結果スクラップ・アンド・ビルド政策を本格的に開始した昭和四一年当時は、一店当たりの売上げが六億円弱（全二四店）に過ぎなかったが、平成四年には、一店当たり百七二億円（全三三店）に達し、実に三十倍近く伸ばしているのである。

何とも見事なスクラップ・アンド・ビルドである。これ以上の収益向上が望めないとか、大型総合化（出店基本方針の三）の可能性と機会をつかんでの、果敢なスクラップ・アンド・ビルドである。

ところで、事例を研究する場合に大切なことは、原理原則は何か、社長の基本的態度から何を学ぶか、ということであって、現象だけを見てはだめである。つまり「丸井だからこのような矢継ぎばやのスクラップ・アンド・ビルドができるのであって我社のように小さいところではこうはいかない」という態度では、何も学びとることはできないのだ。

丸井のこの例から学ぶものは、明確な方針に基づく、スクラップ・アンド・ビルドの基本方針態度である。

私が中小のチェーン店のお手伝いをするときに、最も手こずるのは、いつもきまって〝不採算店切捨て〟である。本社費の負担どころか、その店舗自体の費用さえも賄えないような店舗さえ、頑として捨てようとしない。そのくせ、その店舗がいつも社長の頭痛の種で、次から次へとムダな手を打って、貴重な費用と社長の時間を浪費している。こんなことをしていたら、いつまでたってもウダツが上がらないことを知らなければならないのである。

そのような社長には、丸井の青井社長のツメのアカでも煎《せん》じてのませたいものである。

# A工業株式会社

A工業は従業員約二百名の、総合木材製材加工業者である。

同社の前身は、木材問屋のA商会であり、オーナーはA工業社長A氏の父親であった。

A氏は大学を卒業すると同時にA商会に入社し、五年後には専務になっていた。その年に、A商会は二年程前から始めた新事業の失敗によって、赤字転落したところに、主力得意先の倒産によって多額の不渡手形が発生し、二重の痛手に耐えきれず、ついに倒産してしまったのである。

そのショックに父親は病に倒れ、ついに再起できなかった。後に残されたA氏が、一切の整理をすることになってしまった。

A氏の整理のやり方を見ていた、大口債権者のJ商事は、当時ようやく成長期に入ったボーリング場用材の人工乾燥工場をつくり、その経営をA氏に任せた。これがA工業である。

Ａ工業のうしろだては、Ｊ商事の子会社Ｊ建材がすることになった。現在、Ａ工業の株の六〇％はＪ建材がもっている。

Ａ工業は、ボーリングブームに乗って順調な経営を行なってきたが、そのブームも急速に冷えていった。

そのために、Ａ工業の業績も急速に悪化した。その上、当時の木材暴騰期に、大量の原材料を高値で手当したところ、あまりの高値に需要が減退し、在庫の消化が思うに任せず、過大な在庫をかかえたまま、大赤字を出してしまったのである。

その対策として、当初行なった決定は、「大至急、大型の製材工場を新たに建設し、〝住宅用製材加工材〟を、Ｊ建材を通じて販売する」ということであった。しかし、製材工場の建設にトラブルが続出し、予定より大幅に完成が遅れ、ようやく稼働したのは、一年後であった。その工場は、現在日本で一〜二位を争う製材能力をもっている。

Ａ工業の業態は、カナダより製材品を輸入し、受注品を製材している。得意先は、最大がＢハウスで、売上高の約二〇％を占め、他は百社に余る群小業者である。

具合が悪いことに、カナダと日本では、木材の規格が違うため、どう工夫しても歩留りが低く、端材はチップ（小片）にして、低価格で製紙会社に売却しているのである。そのために、せっかくの新工場も収益性が悪く、赤字続きである。

翌年春頃の財務状況は、約五億円の赤字をかかえ、負債は短期借入金十五億円、長期借入金二十五億円が主で、あとは月商に相当する買掛金その他若干である。支払手形は一枚も発行していない。

棚卸資産は八億円で、月商一カ月あまりの売掛金があるだけで、受取手形も固定預金もごく僅かしかない。

A氏の赤字挽回策は、生産の合理化をさらに進め、用材の特性の研究と歩留向上を徹底し、技術用語を統一する。さらに、組織を完備するとともに職務分掌を明らかにし、経費を節約する、というものである。そのために、東京にある本社にはほとんど行かず、S県の工場にかよいづめて、連日夜遅くまで工場に居残って、必死の努力を傾けている。

現在、A工業社内には、製品に対する方針に意見の喰違いがあり、A氏は現在の受注生産（下請）を、規格品の見込生産に切換えてゆくべきだと考えており、技術屋の常務は受注生産に徹するのが有利だと主張してゆずらない。

販売会社のJ建材の意見も、受注生産と見込生産の二つに分れて、いまだに結論は出ていない。

A氏の見通しでは、最も順調にいった場合でも、月次の損益が黒字になるには、あと一年はかかり、膨大な累積赤字を消せるのは、何年かかるか見当もつかないのである。

全くもって無茶苦茶というより他に、いいようがない。（しかし、当事者は、商事、建材、A社長とも全くこれに感づいていない。それどころか、それぞれの立場から、必死に努力していることが推測されるのである）私の微力をもってしては、どうにもならないのである。

財務的にみて、長短合わせて四十億円の借金である。年利九％としても、年間三億六千万円の金利負担である。これとほぼ同額の営業利益（営業外収益はほとんどないから）をあげて、はじめて損益トントンなのである。その営業利益も、恐らくは一億円以上の減価償却――長期借入金二十五億円のうち十億円～十五億円が建物・設備などの償却資産に投入されているとして——を負担しての上である。たった二百人で、収益性の低い製材業で、こんな営業利益など全くの夢かまぼろしである。これが可能なくらいなら、世の中に、つぶれる会社など後を絶つだろう。A氏の見通しなど大甘の甘ちゃんである。私は自らの意見をのべたが、お手伝いは辞退しなければならなかった。

事業としては、全く話にも何もならないけれど、そこにはいろいろと貴重な教訓を含んでいる。

まず初めに断わっておきたいのは、A工業は事実上はとっくに倒産している会社だということである。事の始まりは、A商会の倒産である。これによって大口債権者となったJ商事は、その穴うめとして、A工業をつくった。これは、あくまでもJ商事だけの都合——つまり、A商会倒産のために当然J商事に起る責任問題の回避——とみるのは、私のヒガ目だろうか。私は何か事があると、怪我人を出さないようにするという、企業内にある不文律をたくさん見てきているのだ。

そもそもA工業はこのような動機によってつくられたという宿命を負っているのである。J商事の子会社であるJ建材を通して紐がついている。六〇％の株をJ建材に握られているのでは、A社長は実質的には工場長である。

そこへもってきて、A工業を実質的に支配するJ建材は、J商事の人事の風通しをよくするためのものであることは、ほぼ間違いない。このような会社は、その経営陣は親会社の人事からはみ出した二級の能力者とみていい。二級の能力者が、いままで全く経験のない事業経営をやるのだ。うまくいく筈がない。しかも、うまくいかなくて、資金繰りに窮すると、親企業に泣きつく。叱られはするが、資金の面倒は見てもらえる、というのが通り相場である。最悪の場合には、退職金をもらってやめればいいのだから気が楽である。——これが、終身雇傭という土壌に生きる日本の企業の姿の一部なのである。

また、もしも万一にもうまくいくと、こんどは、親会社からは、次々と人間が送りこまれる。つまり姥捨山になるのだ。

だから、大企業の子会社、系列会社はつぶれないかわりにいつまでたってもウダツが上がらないのである。

話をもとに戻そう。J建材自体の経営力が低いところに、A社長がまた事業経営を知らないのだから、このような結果になるのは当然である。能力もないくせに、

——そして能力のない人に共通する考えでもあるが——日本一の製材工場などと大々的にやろうとする。

事業というものは、一歩一歩築きあげるものであって、初めから大々的にやるものではないのである。

事業の経営とは、実に様々で、複雑な活動を変転極まりない客観情勢の中で、的確な状況判断のもとに行なわれなければならないのだ。経験、修練、そして柔軟な頭脳を必要とする。初めから、大々的にやれるようなものではないのだ。

現在、大々的にやっている会社は、初めからそうなのではなくて、永年の営々たる経営努力の積み重ねの結果なのである。その間、幾多の試練に耐え、ピンチを乗りこえてきているのだ。だからこそ大々的にやれるのである。

それを、そのような会社が立派にやっているからうちもそうしよう、というような甘っちょろい考え方をするのが間違いのもとなのである。

批判はこのくらいにして、ではいったいA工業の経営はどうでなければならなかったのであろうか。どうしなければならないのであろうか。この場合に、現実の問題である資本系列を考えると、ややこしくなるので、これは一応おくとする。正しい事業経営の考え方と、これを現実の資本系列の中でどう活かすかということは、その原理が全く異質なものだから、まず正しい経営のあり方を考える。次にこれを資本系列の中で現実にどのように推進するかを考えるほうが、事業経営の本質をつかむのに便利だからである。もしも、資本系列という条件がなければ、正しい事業経営の考え方がそのまま通用するからである。

Ａ工業の事業を考える場合に、Ａ工業だけを考えてもダメである。というのは、Ａ工業は本質的には工場であって、会社ではないからである。販売はＪ建材が行ない、Ａ社長も販売はＪ建材に頼りっきりというよりは、それを当り前のこととしているからである。販売がなければそれは会社ではないのだ。

そこで、私はＪ建材とＡ工業を併せたものを考え、これを一つの会社、つまり事業単位として話をすすめることにする。

まず第一のボーリング場用材乾燥である。この狙いは誤りないし（この狙いはあまり難しい状況判断などしなくともよい。比較的簡単なことであった）、それなるが故に、それ以後のボーリングブームに乗って経営は順調であった。大切なことは、この順調さをどう考えるかである。一つの商品の好調が、三年、五年と続くと、「この需要は永久に続く」と思いこんでしまうのが、人間の弱点なのである。そして、その好調に酔い、それに安住してしまう。この間に危機は静かに忍びよってくるのである。どんな商品だろうと（生活必需品は別にして）、永久に売れ続けるものなどめったにある筈がない。

J建材もA工業も、ともにボーリングブームに酔って、何のなすところがなかったのである。やがてボーリングブームは去り、業績は急落したのである。（これは経営者の責任以外の何物でもない）

〝単品経営〟の危険がこれである。この危険を知っていれば、ボーリングブームの最中に、次の事業に乗りだすべきなのだ。時あたかも建築ブームでもあったのだから、なおさらである。それをやらなかったことが、まず第一の間違いであった。

それにしても、ボーリングブームの退潮を予知できなかったのは、やはり経営者としての不明である。ブーム程危険なものはない。それは必ず近く急速にさめることの危険信号だからである。

余談になるが、その頃、ボーリング場をやりたいがどうかという相談を私は受けている。私はこの時に、「気のきいた人物なら手を引く時期に、何を寝ぼけたことをいっているのだ」ときめつけた。一年後に会った時に、どうしたかを聞いてみたら、「一倉さんにボロクソにいわれたのでやめました」とニコニコ顔であった。

ボーリング場ブームが去り、実際に仕事が減っているにもかかわらず、木材暴騰に大量の原木を手当するという〝思惑〟をやって失敗している。これは成否の問題ではなく、事業家の正しい態度ではないのだ。

思惑というのは、相場師がやることなのだ。ある時、鉄材が暴騰した。この時に、ある鉄工場の社長が、親類や知人からムリして借金し、鉄材を買いこんだ。半年後に売って、見かけ上は儲かったが、儲けたと思った金で、自社で使う材料を買ったら、量的には全く増えていなかった、という笑い話がある。むろん実話である。

かつての石油ショックの時も、私はお手伝いしている会社に対して、思惑はやめたほうがよい。むろん自衛のために、事業継続に必要な原材料を、通常一カ月手持を、二～三カ月分にするくらいはいたし方ないが、一年分も買だめするなど、怪我のもとだ。原材料費が高くなれば、それにつれて製品も値上がりするし、思惑で儲けたように見えても、それで事業をやめてしまうなら別、事業を継続する場合には再び買入れる原材料が高いのだから、儲けの大部分はとんでしまう。うまくいっても儲けは少なく、まかり間違ったら大怪我をするぞ、と警告していた。私の警告をきいたために、怪我をせず、あとから感謝された会社はいくつもある。

大赤字にあわてて、手を打った。全くの泥縄である。そのせいかどうかは知らぬが、今度は大製材工場の建設という大風呂敷である。〝大々的〟の誤りはすでにのべた通りであるが、それにしても、事前の調査も事業の方針もないらしい。

あわてて建てるから、トラブルが続出して建設が遅れ、計画も方針もないから、規格の違うカナダ材を輸入して、歩留りが悪くてまた赤字である。

事業というものには、〝コツ〟がある。「製材業は大きくなるとつぶれる」というジンクスがある。というのは、製材業のコツは、端材、低級材、屑材をどのように活用するかにあり、その上手下手で勝負がきまるものなのだ。大きくなると、これに手が廻りきれなくなってしまうからつぶれるのであって、大きくなったからつぶれるのではないのである。

これを知っていれば、規格の違うカナダ材など使わずに原木を輸入する（これもだんだん難しくなってきた。産出国が、原木よりも製材して輸出する方が有利なことを知ったからである）か、それがダメなら、日本の規格に合わせた製材品を買うように、商社を通じてというよりは、A社長自らがカナダの業者とかけ合うべきなのだ。

それにしても、チップにして安売りするとはあまりにも芸がない。

A社長の赤字挽回策は、もうくわしくいう必要はないであろう。内部管理は、経営ではないのだ。だからA社の赤字挽回策は何もないのだ。

以上、いろいろあげてきた。しかし、最も根本的な間違いは、〝市場と顧客〟が全く抜けてしまっているところにある。これはJ建材にもA工業にも共通している。

ただ、あちこち見廻して、儲かりそうなのが見つかると、何の市場調査も事業の見通しも持たずに、これにとびつく。そして、大型に、大々的にやろうとする。事業というものは、大型工場をつくって仕事をすれば、それで儲かるものと思いこんでいる〝大甘ちゃん〟である。

市場の要求、顧客の好み、というものを全く考えないから、赤字挽回策に内部管理という間違いをおかし、連日工場に入り浸って、全くムダな努力をしている。

事業方針にしても、規格品の見込生産か、受注生産つまり下請加工かという二つの意見が対立しているけれども、どちらの主張も市場の状況が分らないのだから、小田原評定より外になく、いつまでたっても正しい結論など出る筈がない。ただ観念的に、受注か見込みか、右か左か、とやっている。「市場の変化と顧客の要求にどう応えるか」という基本認識を持たない限り、永久に救いはないのである。

A工業の最も一般的な生きる道は、それでは何だろう、ということになる。これは常識的に考えるのが最もよい。

まず、事業構造であるけれども、これだけの規模で市場の変化に対応するには、よくよく考えなければならない。このような場合には、まず見込生産による規格品をベースとして、特殊品の受注生産によって収益力をつける、という組合せがよいだろう。むろん日本の規格に合った製材品をつかうことはいうまでもない。そして、相当多量に出る端材、低級材、屑材の活用を図って仕上げをする。賢い会社はちゃんとやっているのだ。さらに、建築材料のみならず、南方の広葉樹による家具材進出の可否を慎重に検討する。これは小規模に試し製材を続けながら勉強するのも一つの方法である。

そして、右のような事業のけん引力になるものは、社長自ら先頭に立っての販売促進であり、外部の情報の収集である。

外部情報の収集は、単に現在の事業推進に必要なものだけではなく、さらに新しい事業進出への可能性に関するものでなければならないのである。

世の中は変ってゆく。お客様の要求は変る。この変化を、社長自らの目と耳と肌で感じとることこそ、事業経営の根本課題なのだ。

# 一〇　事業繁栄の道

# 我社の事業を創る

## M社

M社はパンティーストッキングのメーカーである。

私がお伺いしたのは、第一次オイルショック後の不況時で、業界全体が多量の在庫をかかえて苦しんでいた。M社も同様で、どうにもならない泥沼にはまりこんでいた。

大手の某社のごときは、小売価格二〇〇円の品を二足ワンパッケージとし、これに一〇〇円の小売価格で売りだしたほどである。ムチャクチャを通り越している。これによって、弱小メーカーを押しつぶす戦略である。しかし、これは不成功に終った。何故だろうか。

それは、超安値自体が原因である。特売の目玉や見切品ならいざ知らず、こんな値段で大量販売などできない、と流通業者がソッポを向いてしまったのである。

流通業者はカスミを食って生きているわけではない。売場の一坪一坪に大きな資本を投じている。販売経費もかかる。それを賄えないような超安値——つまり低マージンの品物を大量に売るわけにはいかないのである。「安価なら売れる」という神話は間違っている。流通マージンが小さければ売れないのである。

この点が盲点になっているのだ。だから、メーカーは小売価格を安くするよりも、卸価格を安くして流通マージンが多くなるような希望価格設定をすれば売れる。価格の高いのは極端な場合は別にして心配することはない。高マージンにしてあれば、流通業者が値下げをして売るからである。

メーカーが流通業者を通して売る場合に、小売価格を指定するのは、特定の商品以外は違法になるので、〝希望価格〟とし、小売価格は流通業者がきめるのである。

当時のM社は、売上ランクは六〜七位の完全な〝限界生産者〟であり、大幅な赤字をかかえながら、売上げはジリ貧だったのである。

M社長に、いろいろお話を伺ったのだが、販売の〝ハの字〟も知らない全くの職人社長だった。

パンティーストッキングの材料糸の質、色、デニール（糸の太さ）、編み方、シームのあるなし、その他について、「お客様の最大の関心は何か」を聞いても答えられない。全くの盲目である。

パンティーストッキングや口紅などの、お客様の最大関心は〝色〟なのである。私はM社にお伺いするに先立って妻と娘に聞いたところ、二人とも言下に「色だわよ」だった。

これで十分。これが一倉式顧客の好み調査である。そして、これが正しいことは後にはっきりした裏付けがとれた。

「どんな色が売れるか」などは全く関心がなく、むろん色別の売上データーなどはとっていなかった。

とっていたのは〝色別〟ではなく〝原料別〟だった。つまり生産計画の都合なのである。これでは会社ではなくて工場である。

社長は、販売には全く関心がなく、販売担当専務に任せっきりだったのである。この専務も販売には全くの素人で、流通業者のところへなど行ったことはなかった。販売の〝ハの字〟も知らない職人企業だったのである。これでは販売不振にならないほうが不思議である。

私は「会社の運命をきめるものは販売である。その販売は社長自ら陣頭指揮をしなければいけないものである。これは、社長が売り歩くということではなく、社長自らが販売基本方針を立て、体制を整え、販促の指導を行なうことで、直接販売活動は販売部門で行なうのである。そのためには、社長がいくら社内にいて考えても何も出てこない。お客様のことを全く知らないからだ。社長自らお客様を訪問し、お客様の要求や不満を教えてもらうことから始めなければならない」と。

新しく社長に就任した社長さん方から私のうける質問は、必ずといっていい程「社長として一番先にやらなくてはならない仕事は何ですか」ということである。

それらの社長さん方は、既に五年も十年も、いや、もっと永く専務とか副社長とかで、実質的な社長業務の大部分をやってきた方々なのである。中には代表権をもっている人さえいるのである。それらの人々の質問がこれなのである。

それ程社長の立場というのは重大なのである。私は言下に「お客様のところを廻って下さい。いままで副社長や専務の時に廻ったのと全く違って、お客様の一言一言が胸にこたえますよ。そして、社長は何をしたらいいかは、このお客様の言葉の中にあります」と答えることにしている。私がお手伝いに参上した会社で、社長に対する第一の質問が「お客様のところを廻っておりますか」である。

これ程、社長の行動の中でお客様訪問は絶対的な重要性を持っているのである。

話をもとにもどそう。

とにもかくにも、社長自らが問屋の事前了解をとりつけて、小売店舗を巡回することをおすすめしたのである。問屋訪問は重要ではあるが、ここではお客様の要求を的確につかむことは難しいのだ。

一倉が一カ月後にお伺いするまでに一〇〇店舗を訪問し、そこで社長は何を見たか、小売店から何をいわれたかを、メモ書きでいいから一倉に見せていただきたい、とお願いした。

一カ月半程過ぎてから、二回目のM社訪問の時に、一五〇店舗程の訪問記録（B五判で三五枚）にカバーシートをつけたものを私に示された。カバーシートは〝まとめ〟であった。そのカバーシートの文面をそのまま紹介させていただく。

# 市場実態調査報告

全般的傾向及び留意事項

1　薄いものが受けている。

2　色が第一で、ブランドは殆んど問題にならない。

（筆者注、砂糖、ティッシュペーパー、ボールペンなどのブランドを気にする人がないのと同様に、低額実用品は、ブランドの威力がなくなってしまっている。M社にとっては有利なこと）

3　サンローラン、ジバンシィ等ライセンスものも舶来品というよりは、むしろ色で買っている。

4　色の面でアツギは多く（注　四一色）の展開をしているので若い人にうけている。

5　グンゼは伝統的な名声で中年層の顧客が多い。

6　販売増強はまず場所を占領すること。

7 販売力はネタ（原料）、料理法（加工）、及び食欲をそそる雰囲気—腹をすかせる（市場に少ないもの）、ウマソウダ（外観）、合ったもの（ピッタリのもの）、サービス（販促等）。

8 モノシーム、SSのリバイバルが来そうだ。

9 どの店舗でもベテランの人がいないので機会損失をやっている。

10 ディスプレイ、吊札、ポスター不足。

11 販売人員増加の要あり。

12 15/5売れている。売上げ再度の上昇か。（注 15/5は品番）

13 神戸中心の店舗ではダイエーが第一で、ニチイ、ジャスコ、いづみや、長崎屋の順である。

14 パッケージの重要性を痛感。

15 店によっては忙しいため、ついうっかりと発注を忘れているところあり。

16 伊藤忠商品としてはいっているところに問題あり。

17 ダイエー一〇〇店舗の中でやはり売上げの多い店から重点集中攻撃をかけるべきであろう。

18　パンタロン用にはビリング防止対策が必要。

次に、店舗別報告のうち、いくつかを抜きだしてみると

1　病院が多いので白がよく売れている（ダイエー尼崎）

2　当社のディスプレイがあるのに商品なし（ニチイ尼崎）

3　アツギは若い人に受けている。カラー作戦四一色が大きな原因だと思う（ダイマル神戸）

4　六〇〇〇番のL寸がほしい。希望者が多い（カトレヤ元町）

5　当社のフリーゼ及びケンネルネーム入りの分、パッケージが悪い上に、ダンピング商品として山積されているが、なさけない（ジャスコ板宿）

6　ケンネル2P、3Pが売れている。L寸品切れの色あり（ダイエー垂水）

7　店舗スペース比較的大、15/5売れている。ハイソックス、SS売れている。我社商品約三〇％（ダイエー天神）

8　ブランド商品のみ、以前より売場面積縮小とのこと（岩田屋天神）

9　入りきれない程多くの人が入っている（ダイエー池田）

10　レジ前よく売れている。$15/5$品物なし、ＳＳカラーにより欠品あり（ダイエー茨木）

右は報告のうちのほんの一部である。

はじめてのお客様訪問。それもたった一カ月余りでこの報告書を書いたのである。私はビックリしてしまった。社長は

「訪問する一店舗、一店舗が私の先生でした。そして、我社はどうすればよいか、が具体的に分るようになりました。しまいには、小売店の前に立っただけで、この店はどのくらいのパンティーストッキングが売れているか分るようになりました」と。私は、社長の努力に感銘し、頭が下がる思いだった。一カ月余りで、社長は販売のエキスパートになってしまった。社長の、この訪問を境にしてＭ社は生れ変った。

社長のつかんだことを要約してみると、

「お客様は薄物を好むこと、色こそ第一であること、中年層はブランドを気にするが、若年層は全く気にしないこと、場所取りが大切なこと、売場の品切れ補充が

うまくいっていないこと、現物を使った色見本が必要だということ、店格の高い店では占有率が低く、店格の低い店では高いこと。パッケージが重要であること」などであった。

私は何もいうことはなかった。「社長、この報告書の内容をそのまま販売方針にすればいいですよ」と。

色数を倍に増やした。パッケージも変えた。

現物見本（現物を二〇センチ程に切って吊り下げ式にしたもの）を売場に置くことについては、その前に数店舗に置いてみて、お客様が確かにこれを使って下さるかどうかを観察した。その結果は、前にはお客様が店員に見つからないようにパッケージを破って手を入れていた証拠として、パッケージの破れたものが売場に散らかっていたが、それが殆んどなくなってしまった。お客様が現物見本を使って下さっていることは確かである。

現物見本は、商品のスクラップ・アンド・ビルドのたびに、それに合わせて差し替えをしなければならないという手数のかかるものだから、M社の管理能力で可能な数以上にするわけにはいかないので、実験によって決めることにした。

一人の売場フォロー係の女性をきめて、週一回の補充を行なうのに何社可能かの実験である。このやり方は、社長が錦ゴム（おむつのメーカー）にM社長自ら出向いて教わってきたものだった。

このフォローは驚く程の効果があった。フォローを行なった店舗だけ売上げが上昇したからである。しかも、その売上上昇分の増益は、専任者の費用を賄うのに十分なものだった。

ここで、M社は「何をしたら売上げが上昇するか」をハッキリと知ることができた。あとはこれを推進するだけである。

まず、店舗フォローの要員を確保することである。M社長はうまいことを思いついた。

M社の工場には沢山の女性社員がいる。これらの女性で、結婚して退社した人を尋ねて、売場フォローをできる範囲で依頼したのである。

社長が訪れる日には、「社長さんが来て下さる」とご馳走を用意して待っていてくれたという。さぞや思い出話に花が咲いたことだろう。たちまち必要な人数が揃っていった。商品知識の教育が不要な人達である。

この人達による店舗フォローは大きな成果をあげた。第一次目標は五〇〇店舗だったが大型店優先主義をとったせいもあって、たった一〇〇店舗あまりで生産が間に合わなくなってしまった。

増販と増産のシーソーゲームが始まり、しばらくして会社は黒字転換したのである。

この頃になると、M社はかつての職人経営は影も形もなくなり、全社をあげてのお客様第一、販売指向に変ってしまったのである。

その一端を、M社の方針書の中から抜きだして紹介しよう。

基本理念

1　一流…「パンストのM社」を目指し本物づくりに邁進する

2　創造…企業として強烈な個性を持つ、そのためオリジナル商品の開発技術の革新を計る

3　奉仕…仕方を通じて社会のお役に立つ

基本方針

「収益中心、安定成長、堅実経営」を基礎として

1 販売…顧客第一、オリジナル商品、重点主義を軸にブランド化を実現

2 生産…品質第一、コスト低減、省力化、適正化

3 技術開発…固有技術の確立とオリジナル商品の開発

4 財務…自己資本の充実とゼイ肉切捨

5 関連…伊藤忠と旭化成との連繋強化

商品に関する方針

1 一流創造奉仕の経営理念にもとづき、真に顧客の求めるものを、適正な価格で提供するため、生産技術開発の総力を結集する。

2 当社商品のファンをつくるため特に品質のレベルを高くする。

(イ) 設計品質

(ロ) 製造品質

3 商品構成

（イ）（ロ）（ハ）………略

4　価格政策及び格付方針

（略）

5　スクラップ・アンド・ビルド

販促に関する方針

1　ＰＲキャンペーン　（略）

2　特売　（略）

3　展示会　（略）

4　訪問活動情報収集　（略）

得意先に関する方針

1　販売チャンネルについて　（略）

2　地域構成　（略）

3　格付　（略）

4　スクラップ・アンド・ビルド　（略）

内部体勢の整備　（略）

どうであろうか、堂々たるものである。

かつては、販売の〝ハ〟の字も知らなかった会社が、このように大変身してしまったのである。

その原因のすべては、社長のお客様廻りにより、お客様に教えていただいたことと、社長の観察にあるのだ。

増販と増産のシーソーゲームは増販に軍配が上り、生産能力がどうしても追いつかなくなり、社長はやむを得ず社内に留まって生産体勢の整備を行なった。この間半年間であったが、売上げは横這いになってしまった。社長の小売店訪問が如何に大きな効果を発揮したかがハッキリしたのである。

社長の小売店訪問再開で、売上げは上昇に転じた。社員まかせの販売ではダメだということを痛感させられたのである。

M社長は、その職にある限り、お客様訪問を続けることを決意した。自らに課した目標は〝年間二〇〇〇店舗〟だったのである。ある年、ゴールデンウィークのすぐ後の大阪での〝社長ゼミ〟の会場に姿を見せられたM社長は、「ゴールデンウィーク中に近畿地方の小売店舗の訪問は一〇〇店舗でした」と私に話して下さった。まさに驚異である。

小売店廻りをしているうちに、社長は重大なことに気づいた。

大型スーパーは、次第に百貨店化の傾向を見せ、パンティーストッキングのような低額商品は次第に重要度の比重が下がり、以前は一階にあった売場が二階へ、さらに三階へと移されてゆき、これに伴って売上げが減少してゆくということである。

このような重大事を発見することは、セールスマンでは、まずあり得ないし、期待することは誤りである。社長だからこそ気がついたのである。

この事態に対処する道は、大型スーパー主体の従来の方針を転換し、中販店、単店スーパー、洋品店、専門店を開拓し、充実してゆくことである。

私は社長に申し上げた。「社長自ら小売店を廻ったからこそ、重大事態をいち早く発見できたわけですね。事業経営の最良のコンサルタントはお客様であるということを肝に銘じて下さい」と。

私の言は、社長にとっては、蛇足なのであった。

**S商事**

木製家具問屋のS商事の社長より、「業績不振で困っている。至急相談したい」とのことであった。出張先のホテルのロビーでお目にかかった。初対面である。疲れきった面持である。

数年前、父親から社長の座を譲られたのだが、父親は経験と勘だけの経営で、婚礼セットが主力というよりは、婚礼家具だけというほうがよいくらいであったという。

S社長は、これではいけない、商品構成を充実し、科学的な経営をしなければいけないと思い、コンサルタントに指導を受けながら懸命の努力をしたが、努力をすればする程業績は落ちこみ、どうにもならなくなっている。ということであった。(後から分ったのだが、当時、業界のウワサでは、S商事の倒産は間近いということだったという)

決算書を拝見したが、惨憺《サンタン》たるものであった。

社長の持参した営業案内を見せていただいたが、「これはいけない」というのが私の第一感だった。品種過多である。たった二十名余りの会社で、木製家具の殆んどにわたった品種構成である。

これでも足りないと思い、鋼製事務用什器類を扱わなければダメだというのである。

社長の、この方針が赤字の根本原因である、というのが私の見解である。こんな零細企業で、何もかも揃えているということは、何も揃っていないということだからだ。

組織図を見せていただくと、それは中堅企業クラスの、それも悪い見本みたいである。

これは、コンサルタントの勧告をもとにして作ったものだが、コンサルタントのいうには、まず何をおいても組織を確立し、指令系統の統一と責任権限の明確化を行ない、さらに社員の能力を活用するために権限を委譲しなければならない。また、事務を近代化し、就業規則と賃金規則を完備しなければならない、ということだとのことである。

特に重要なのは、社員の能力の活用である。そのために、〝販売促進委員会〟を組織し、社員の自主的で自由な発想と活動を行なわせることである。そのためには、販売促進委員会には、社長はなるべく出席しないようにしたほうがよい、というのである。事業を知らない社員に事業を任せてしまったのである。

こういうのを、〝倒産直行体勢〟という。お客様のことなど全く考えてはいないからだ。

その上、全くの経営者不在である。販売促進委員会のやったことといえば、商品の品種をやたらと増やすことと、新規得意先の開拓であった。

何もかも間違っているのだ。私は、お手伝いの条件として、今の組織を廃止し、それ以前の姿に戻すこと、販売促進委員会を解散し、社長が陣頭指揮をすることの二つであった。

その上で、社長にお願いしたことの第一は、何をおいても社長自らのお客様訪問であった。社長になって以来の穴態だったからだ。第二には、商品の売上高ＡＢＣ分析と、得意先売上高ＡＢＣ分析である。

商品の品種別売上高ＡＢＣ分析の結果は、二〇品種のうち、上位一〇品種で売上高の九五％を占めていた。下位の一〇品種は、とりあえず仕入を中止し、アイテムを検討する。上位一〇品種は、品種毎にアイテム別売上高ＡＢＣ分析表を作成。下位三％は切捨てを検討する。これで、一八〇〇アイテムあったものが、七〇〇アイテム程に減った。

次には得意先別売上高ＡＢＣ分析を行なって下位二％は問答無用切捨、次いで年商三〇万円以下を六カ月以内に切捨てることと検討する、ということにした。

社長がこういうことを即決で決定したのは、私に勧められたお得意先訪問で、多くのお客様に叱られたからである。

第一に気づいたことは、セールスマンは社長が訪問してほしいと思っていた大型店、一流店には殆んど訪問を行なっておらず、二流店、三流店に多く訪問する他に、ニチャン店（じいちゃんとばあちゃんだけの店）にせっせと通っていたことが分って唖然とした。

第二には、お客様のお叱りの多くが「お前の会社は最近どうかしている。今度はこういうものを扱うことになりました。ああいうものも扱います。と種類ばかり増やしたって、では、と注文すると品切ればかりだ。アテにならないことオビタダシイ。お前のオヤジの時には婚礼セットのよいものを揃えていて、婚礼家具といえば、すぐにお前のところを思い出して電話したのだが、最近は婚礼セットもいいものは少なくて注文する気にならない。お前の会社など相手にしていたら商売にならない」というきついお叱りをイヤという程きかされたからである。

近代化、権限委譲の誤りを思い知らされたのである。だから、私の勧告の意味がよく分ったから即決ができたのである。

販売は得意先の計画訪問に切換えた。格付に応じた訪問回数をきめ、「コンチワ、サヨナラ」方式による訪問である。

いままでジリ貧を続けていた売上げがジリジリと上り始めた。

商品のグレードは、社員にまかせていた時には裾物、つまり安物に力を入れていたのを、品種毎に最低仕入価格を二〜三割あげて中級化を一歩進めた。その理由は、一つはお客様に言われたからであり、もう一つは、試しに過去三年間の価格について、洋服タンスを調べてみた。その結果は安物にばかり力を入れていたというのに、仕入価格一万円以下、一万〜一万二千円、一万二千円以上の三つの価格帯についての実績は、一万円以下は三年間減少し続け、一万二千円以上は、毎年確実に増加していたからである。社長はビックリするとともに、商品のグレードアップを自信をもって打ちだすことができたのである。

これが売上増大にハズミをつけた。そして八月から切換えた新方針による増販は、その年の十二月には黒字転換をしてしまったのである。最も高額な婚礼セットの売上げが、秋の結婚シーズンに急上昇したことが大きかった。ある品種のごときは、売上げが四倍にもはね上った。不思議に思ったメーカーの社長が様子を見に来社し、事情をきいてビックリしたり喜んだりして帰ったという。

気がついてみたら、前社長の時と同様の品種構成になっていた。

ここで、更に商品構成の基本方針をきめた。
1　商品は箱物に限定し、足物は一切扱わない。
2　商品は婚礼家具を中核とし、品種は絞って、一つ一つの品種のアイテムを多くする。
3　商品のグレードは中級品とし、様子をみながら長期的に一段の高級化を実現してゆく。
というものであった。これが、小型企業が市場の主導権を握り、占有率を上げるための商品戦略である。

この基本戦略に従って婚礼家具のアイテム増加と高級化が行なわれ、売上げは確実に上昇していった。

気がついてみると、前社長時代と同じ企業体質となっていた。間違った道に踏みこんで迷いに迷った末に、もとの道に戻ってきたのである。こうなると強い。S社長はこの道一途に自信をもって進んでいった。

年二回の小売店向け展示即売会は、売筋商品は残しながら、それ以外は思いきってのスクラップ・アンド・ビルドを行なったために、すこぶる好況を呈していった。売筋アイテム上位二〇%で売上高で八〇%なので、下位二〇%を切ったからである。切捨商品は低価格で処分した。

また、三つある倉庫のうちの一つを思いきって展示場兼倉庫とし、小売店サービスの向上を計った。ところが、案に相違して小売店の反応は全くといっていい程なく、完全な見込違いであった。

半年、一年たっても事態は変らなかった。それでも、S社長は私の勧めで我慢である。

一年半すぎた頃、ボツボツ小売店の社長が展示場に顔を見せるようになった。そして、三年目に入った時に突然変異とでもいうべき現象が起った。小売店主がお客様をご案内して展示場に現われるようになった。その数は急速に増えていった。しかも、そのうちの三分の二以上のお客様が買って下さるのである。日曜日などは、三十足揃えたスリッパが足りない程のことも多かった。

「石の上にも三年」である。忍耐は立派に報われたのである。

この頃から、私のコンサルティングは間隔が長くなっていった。

ある時の訪問で、社長と専務が何か議論をしていた。きいてみると、社長は「もっとアイテムを減らせ」という。専務は「これ以上減らしたら商品構成に欠陥がでる」というのである。

私は「いったい、アイテムの総数はいくつなのですか」ときいたところ、二人ともこれを確認していなかった。大笑いだが、事態を確認せずに役員会で討議をするということはこの会社ばかりではないのだ。

アイテム数を調べたところ、二八三アイテムしかなかった。社長は、「僕は六〇〇アイテムあると思っていた」ということで、この件は現状維持ということでケリがついてしまった。

しかも、最重点商品である婚礼家具は、婚礼セット五〇アイテム、鏡台三〇アイテム程だったのである。その他のアイテムが二〇〇アイテムである。「品種を絞り、その中で多アイテムを実現する」という見事なばかりの商品構成であった。この頃には、婚礼家具では商圏内でナンバーワンになっていたのである。これが小企業の真骨頂であり、このナンバーワン商品を核としてナンバーワンを確保しながら一つまた一つとナンバーワン商品を育ててゆくことこそ、最も効果的な市場戦略なのである。

また、ある時の訪問で、社長は素晴らしいものを私に見せてくれた。それは、毎月一回お客様におくばりする〝月次品種別売上高ベストテン表〟であった。

品種毎に売上高のベストテンアイテムを記入したもので、この表に、「貴社の立地条件と売上実績より、弊社として◎印の品をご推奨申しあげます」というコメント付きであった。

これが、意外な程の効果を発揮し、小売店の社長より「お前のところの売筋情報を参考にしたところ、婚礼セットが四倍売れた」というようなお礼の電話が入るようになったのである。

また、反対にお叱りの電話が増えた。五〇〇メートル以内には競合店舗がないように配慮してはいるのだが、それでも小売店主は最も近い競合店をのぞきにゆく。そこに、S社の売上ベストテンの上位品を発見すると「あの店に、これこれの品がある。この地区ではうちのほうが先輩だ。あの店に売筋を出すな、その分うちで売ってやる」「その地区ではうちがダントツの一番だ。この地区はうちに任せろ」というようなことである。S社長は

「有難いことだが、その調整で苦労します。どういうふうにやったらうまくいきますか」

とこれまた虫のいい質問である。

私の答えというのは「そういうことは、それぞれのお客様との間に永年の取引によっていろいろな事情があるでしょう。一倉はそれを知らないから答えようがない。そういうことこそ、社長自らお客様のところへ出かけて調整するよりない。それが社長の役割ですよ」と、素気ないが、これが本当なのである。こういう苦情がお客様からよせられるようになったということは、S社が一人前以上の会社になったと

いうことであり、同時にお客様にとっては重要な仕入先になったという証拠である。お目でたいことなのである。もう私の定期的なコンサルタントは必要ない。以後は私に相談したいことがあったら手紙なり電話なりを下さるようにお願いして、私の定期コンサルタントを打切ったのである。

## 会社の自然の成行きは倒産である

本書では、冒頭のT社と、本章のM社とS商事の三社の実例を、くわしく紹介したが、何れの会社も大きな赤字で、社長の必死の努力にもかかわらず、このままいけば倒産するであろう会社ばかりである。

それが、立派に立直ったのである。

赤字の原因は何だったのだろうか、どこがどのように間違っていたのだろうか、それが立派に立直ったのは、赤字の原因を消し去ったからではある。

では、どのようにして消していったのか、その過程と方策は何であったか、を研究していただきたい。

そこには、三社に共通しているものが多い。業種や規模の違いがあるにもかかわらずである。ここに、事業経営の法則がある。

この法則をシッカリとつかみ、これを実行してゆくことこそ、会社を存続させるものである。

しかも、これを実行できるのは、会社の中の誰でもない。社長ただ一人である。社員が懸命に働くのも働かないのも、人材を活用することができるもできないも、すべて社長にかかっていることを肝に銘じて正しい事業経営を行なうことこそ、会社を繁栄させる道である。

# 経営計画なくて経営なし

経営計画を持っている会社は、意外な程少ない。筆者が初めてお伺いする会社で、経営計画書を持っている会社はあまりない。

たまにあっても、それは経営計画書ではなくて、管理計画書ともいうべきものにしか過ぎない場合が殆んどである。これではダメである。

社長自らがたてた経営計画書がなくて正しい事業経営学は不可能である。そのわけは、経営計画書以外に社長が我社の全貌を知り理解する方法は無いからである。己れを知らずして事業経営ができる筈がないではないか。

といっても、経営計画は我社を理解することが目的ではない。あくまでも我社が激しい競争に打ち勝ち、市場と顧客の要求の変化に対応して生き残ってゆくための条件を決めたものである。

その経営計画を作成する段階で、自然に我社が理解できるのである。

それは、想像以上に厳しいものである。そして、今まで如何にうかつで怠慢であったかも、同時に思い知らされるものである。

社長は、事態の容易ならざるを知ると同時に、自らの責任の重大さを再認識すると同時に、これに挑戦してゆくファイトも湧き起ってくるのである。社長の決意がここに固まってくるのである。

しかし、それには社員を指揮し、その協力を必要とする。ここに、リーダー・シップの重要性が浮び上ってくる。

では、そのリーダー・シップを、どのように発揮したらいいか、ということになる。

リーダー・シップの第一要件は「自らの意図を明らかにする」ことであるのは論を待たない。

これを発揮するための最大のツールこそ経営計画書なのである。

社長の決意、目標、方針、行動要項などが明確に示されている。これに社員は動機づけられるのである。

その実証は、経営計画発表会における社長の方針説明で、社員は動機づけられて、目の輝きや動作がその場で変ってくるのがハッキリと分るのである。この時を境にして、社員は変ってしまうのである。

さらに、発表会にメーン・バンクの支店長をはじめ、お客様を数名、場合によると筆者の行なう〝経営計画実習ゼミ〟で知り合った社長などを招待申しあげるのだが、社長の方針説明によって大きな感銘を受ける。

そして、メーン・バンクの支援が全く変ってしまうのである。こんな心強いことはないではないか。

このように経営計画書によって会社は全く生れ変るのである。

会社に奇跡を呼び起す経営計画書。それは、社長自らの責任と意志で、自らが作成したものだからである。会社は、社長一人でどうにでもなるものなのである。

まとめ

◎事業の任務は、経済的価値の創造である。同時に雇用の創出である。「企業は社会の公器である」といわれている理由はここにある。
◎企業の成果は、市場――お客様から得られるのであって、企業内には無い。
◎事業繁栄の基本的要件は、高収益型事業構造をつくりあげることである。その事業構造は、安全性と収益性を効率よく実現するものでなくてはならない。
◎市場とお客様の要求は絶えず変化する。その変化をとらえて、これに対応するためには、社長は常にお客様のところへ行って、自らの目と鼻と肌で、その変化を把えなければならない。
◎経営計画なくて正しい経営はない。経営計画こそ社長が我社を理解し、リーダーシップを発揮するために絶対に必要なものだからである。

## 著者　一倉　定（いちくら さだむ）氏について

事業経営の成否は、社長次第で決まるという信念から、社長だけを対象に情熱的に指導した異色の経営コンサルタント。

空理空論を嫌い、徹底して現場実践主義とお客様第一主義を標榜。社長を小学生のように叱りつけ、時には、手にしたチョークを投げつける反面、社長と悩みを共にし、親身になって対応策を練る。まさに「社長の教祖」的存在であった。経営指導歴三五年、あらゆる業種・業態に精通、文字通りわが国における経営コンサルタントの第一人者として、大中小五〇〇〇余社を指導。没後も、経営の本質を説く一倉社長学を求める人が後を絶たない。

著書に「一倉定の社長学シリーズ」全十巻と別巻二冊、「一倉定の経営心得」をはじめ、「一倉定の社長学講話シリーズＣＤ・ＤＶＤ」「一倉定の社長学百講ＣＤ」「一倉定の中小企業の社長学ＣＤ」他多数。

一九一八年四月生まれ、一九九九年三月逝去。

新装版 一倉定の社長学 第一巻
経営戦略
定価：本体一三、〇〇〇円（税別）
一九七五年 七月一〇日 初 版発行
一九九二年 七月一八日 一八 版発行
一九九三年 一月一六日 全 訂 版発行
二〇一七年 七月一二日 新装版初版発行
二〇二三年 二月 一日 新装版七版発行
著 者 一倉 定（いちくらさだむ）
発行者 牟田太陽
発行所 日本経営合理化協会出版局
東京都千代田区内神田一―三―三
〒一〇一―〇〇四七
（電話）〇三―三二九三―〇〇四一（代）

装 丁 森口あすか
印 刷 精興社
製 本 難波製本
 ISBN978-4-89101-384-4 C2034